船舶与海洋工程翻译出版计划

混合式船体结构

——工程设计原理

〔俄罗斯〕弗拉基米尔·M.什科尔尼科夫 著

梁云芳 译

汪雪良 赵 南 校

卢 兵 顾学康 丁 军 审

ELSEVIER

哈爾濱工程大學出版社
Harbin Engineering University Press

图书在版编目(CIP)数据

混合式船体结构：工程设计原理 /（俄罗斯）弗拉基米尔·M. 什科尔尼科夫（Vladimir M. Shkolnikov）著；梁云芳译. -- 哈尔滨：哈尔滨工程大学出版社，2025. 3.
ISBN 978-7-5661-4716-5

Ⅰ. U663

中国国家版本馆 CIP 数据核字第 2025MC8143 号

混合式船体结构——工程设计原理
HUNHESHI CHUANTI JIEGOU——GONGCHENG SHEJI YUANLI

选题策划 史大伟
责任编辑 刘海霞
封面设计 李海波

出版发行 哈尔滨工程大学出版社
社　　址 哈尔滨市南岗区南通大街 145 号
邮政编码 150001
发行电话 0451-82519989
经　　销 新华书店
印　　刷 哈尔滨午阳印刷有限公司
开　　本 787 mm×1 092 mm　1/16
印　　张 8.5
字　　数 219 千字
版　　次 2025 年 3 月第 1 版
印　　次 2025 年 3 月第 1 次印刷
书　　号 ISBN 978-7-5661-4716-5
定　　价 120.00 元

http://www.hrbeupress.com
E-mail:heupress@hrbeu.edu.cn

黑版贸登字 08-2024-004 号
Hybrid Ship Hulls—Engineering Design Rationales, 1st edition
Vladimir M. Shkolnikov
ISBN:978-0-12-800861-4

Authorized Chinese translation published by Harbin Engineering University Press

《混合式船体结构——工程设计原理》(第 1 版)(梁云芳 译)
ISBN: 978-7-5661-4716-5

前　言

先进材料的出现，提高了结构服役性能，满足了新的结构功能需求，如果没有这些先进材料，研发新型结构系统是难以想象的。正如自然界中的一切物质都是由多种材料混合而成，能够很好地协同工作一样，两种或多种不同的材料系统也可以协同使用，形成一种混合工程结构，在保持增强结构服役性能的同时，兼顾可行性和成本效益。

当前，最常见的结构混合体之一便是正在开发的金属与聚合物基复合材料组成的混合体。例如，战舰的船体主要是金属材料，而其结构部件是复合材料，这便是一个很好的例证。混合式船体在提升功能性和作战效能的同时，与传统的单材料船体（要么全由金属制成，要么全由复合材料制成）存在显著差异。这两点区别与影响结构工程、材料加工和结构特性的两个主要因素相关，使得常规工程变得特殊，为了有效实施预期的混合结构，我们需要明确这些特殊性。

本书明确了混合结构系统固有的具体特征，并概述了使混合结构的功能和作战效能最大化的设计原理。书中以海军复合材料和混合结构工程及操作的几十年经验为基础，致力于推动海军结构的发展。除了直接的军事目的外，本书中的数据还可能对非军用海上重型结构系统、航空、汽车、风力发电以及其他力求提升服役性能、质量效率、成本效益和结构运行安全的行业有所帮助。

本书各章分别介绍了混合结构工程的不同方面，具体如下。

第 1 章阐述了混合式船体发展的基础，介绍了混合结构工程的固有特性，并概述了复合材料造船的历史，总结了从前人经验中获得的教训，并合理利用这些教训，推动了混合式船体的成功研制。

第 2 章以具有混合式船体结构的战舰为例，对大多数金属海军舰艇使用复合材料的两大区域进行了划分：水面舰艇的上层建筑和舷外（轻型船体）潜艇结构。

第 3 章详细阐述了材料过渡结构工程，特别是混合（金属-复合材料）接头的相关知识，并概述了选择坚固且拥有有效结构的技术解决方案的设计原理。

第 4 章介绍了一种新兴的 Comeld-2 黏接钉混合连接技术的最新开发成果，该技术似乎优于目前重型应用中最先进的混合连接技术。此外，本章还描述了利用 Comeld-2 实现混合式船体概念的经济因素。

第 5 章探讨了复合材料和混合结构在长期变化的外力运行环境下评价其服役性能的方法。

第 6 章确定并概述了未来使用混合结构概念的有益方面进行发展的目标，包括海军舰艇建造以外的目标。

本书的附录介绍了一些 Matlab 代码，举例说明了复合材料结构在不同的外力和温度下的服役性能。

致 谢

作者对爱思唯尔公司在手稿撰写过程中给予的帮助和指导深表感谢,特别感谢高级组稿编辑海莉·格雷(Hayley Gray)、编辑项目经理卡里·欧文(Cari Owen)、许可服务台经理霍普·韦克斯勒(Hop Wechsler)、项目经理丽莎·M.琼斯(Lisa M. Jones)和文字编辑保罗·戈特勒(Paul Gottehrer)。

书中所述内容主要反映了作者的研究成果,致力于使用结构性复合材料来推进各种海军平台的发展。这些研究有一部分是作者于1995年8月移居美国之前在俄罗斯进行的,还有一部分是在移居后进行的。

作者对俄罗斯和美国政府提供的赞助,以及这两个国家的同事提供的积极合作表示感谢。

目 录

第 1 章 采用混合式船体的前提条件 …… 1
1.1 复合材料和混合结构的需求趋势 …… 1
1.2 混合式船体的特性 …… 2
1.3 复合材料造船的沿革 …… 3
1.4 先进设计-技术概念 …… 11
参考文献 …… 13
第 2 章 现有和未来的混合式船体结构 …… 18
2.1 混合式水面船的复合材料上层建筑 …… 18
2.2 潜艇复合材料舷外结构 …… 23
参考文献 …… 27
第 3 章 材料过渡结构 …… 32
3.1 合理设计的先决条件 …… 32
3.2 现有混合连接技术的基准测试 …… 33
3.3 优势连接方案 …… 39
参考文献 …… 42
第 4 章 Comeld-2 开发与性能评估 …… 45
4.1 初步研究 …… 45
4.2 抗冲击性 …… 51
4.3 可修复性 …… 53
4.4 初步分析优化 …… 55
4.5 材料加工 …… 63
4.6 最优选项 …… 65
4.7 潮湿/水密性检查 …… 70
4.8 最优机械环境测试 …… 72
4.9 技术经济性评估 …… 78
4.10 Comeld-2 成熟度 …… 81
参考文献 …… 83

第 5 章　服役性能特征 …… 86
5.1　现有方法 …… 86
5.2　改进方法的前提条件 …… 89
5.3　常规载荷工况下的服役性能 …… 95
5.4　复杂加载剖面下的结构性能 …… 103
5.5　实际应用 …… 104
5.6　基于动力学方法的试验验证 …… 106
5.7　服役性能评估方法的升级 …… 110
参考文献 …… 111
第 6 章　前瞻性研究 …… 114
6.1　预防电化学腐蚀 …… 114
6.2　基于激光的 Surfi-Sculpt 工艺 …… 115
6.3　Comeld-2 的非海军应用 …… 116
参考文献 …… 117
附录　关于服役性能的 Matlab 代码 …… 118
7.1　极限强度与加载长度和温度的关系 …… 118
7.2　剩余强度 …… 119
7.3　循环载荷 …… 120
7.4　深潜器下潜 …… 121
词汇表/缩略语 …… 124

第1章 采用混合式船体的前提条件

1.1 复合材料和混合结构的需求趋势

新型结构系统的发展离不开先进材料的进步,这些先进材料提高了结构性能,满足了新的结构功能需求。正如自然界中的所有物质都是由协同混合的材料组成的一样,两种或多种不同的材料可以协同使用,形成一种异质混合结构,以在增强的结构服役性能、可行性和成本效率之间达到合理平衡。金属与聚合物基复合材料(polymer matrix composites,PMC)是其中最常见的一种。

如今,PMC 的使用越来越广泛,这得益于其出色的结构特性和物理特性,这些特性推动了各种结构系统的实质性发展。例如,PMC 的高比强度有助于减轻结构质量;其复杂流线型的设计大大简化了制造工艺;在恶劣环境中,其出色的防腐/防污能力使得维护变得轻而易举。这些优势以及其他优势,共同推动了 PMC 在各种结构中的广泛应用。

其中,主要受益者包括船舶、飞机和航天器,汽车和其他地面交通工具,桥梁、堤坝、浮动平台和海上石油/天然气钻井平台,管道和压力罐,风力涡轮机叶片等。战舰和其他海军平台是在水上、水下以及水面运行的结构混合体的典型例子。

PMC 能够在海军装备中应用,尤其是在反水雷舰艇(mine counter measures vessels,MCMV)上应用,主要得益于其无磁的特性;另一个优势是增强的隐身性能,这要求战舰中大幅使用 PMC。对于小型和中型战舰,如反水雷舰和轻型护卫舰这两种典型的全复合材料海军舰艇,使用 PMC 极具优势。对于主要由金属制成的大型舰艇,如驱逐舰和潜艇,虽然使用全复合材料船体不现实,但部分使用 PMC 也是有益的。例如,由 PMC 制成的驱逐舰上层建筑能够吸收雷达发射的电磁波,改变舰艇目标,同时大大降低其上部质量(Arkhipov et al.,2006;Hackett,2011;Lackey et al.,2006)。

一般来说,采用混合式船体结构的战舰具有诸多显著优势,如减轻质量、提高载重量与排水量之比、提高速度、扩大巡航范围、提高稳定性、防止腐蚀、增强推进性能,以及改善目标特征控制等。

> 减轻质量、提高载重量与排水量之比、提高速度、扩大巡航范围、提高稳定性、防止腐蚀、增强推进性能、改善目标特征控制,所有这些优势都可以通过将战舰的船体改为混合式船体而得以实现。

基本上,混合式船体的任何结构部件都可以采用结构性 PMC 制造,包括但不限于船壳面板、舱壁、平台、甲板室、上层建筑、机器设备的基座,以及其他重载船体结构,包括舵和喷水推进系统的结构部件,如出水口、泵壳、泵壳进水口及进水口流道。

值得注意的是,除了作为主要结构材料的金属和 PMC 外,混合结构中还会使用各种辅助材料。这些辅助材料包括用于夹层板的轻质核心材料、用于提高结构板声学性能的橡胶,以及用于提高结构板防弹能力的陶瓷。

最近的一系列专利和技术论文对混合式船体结构这一概念进行了阐述,这些专利和论文涉及以金属为主要材料的海军水面船的主要结构部件,如船首、船尾、船中侧板以及上层建筑。近期的一系列相关专利有 Aleshin et al. ,2011;Barsoum,2002,2005;Critchfield et al. ,2003;Kacznelson et al. , 2009; Maslich et al. , 2009; Shkolnikov, 2011, 2013。技术论文有 Barsoum,2003,2009;Bulkin et al. ,2011;Critchfield et al. ,1991;Horsmon,2001;Kudrin et al. ,2011;Mouritz et al. ,2001;Potter,2003;Shkolnikov et al. ,2009。

与水面舰艇的应用优势类似,混合结构对潜艇,特别是其舷外结构部件,同样具有优势。在潜艇中使用 PMC 的好处包括提高声呐效率,避免复杂结构形状导致消磁程序复杂,以及简化纵倾和浮力调整操作。鉴于上述原因,声呐罩、压载水箱、上层建筑、指挥台围壳、鳍、推进器、发射管和舱口盖等部件都适合采用 PMC 替代金属材料,从而显著提高潜艇的结构效能和作战效能。

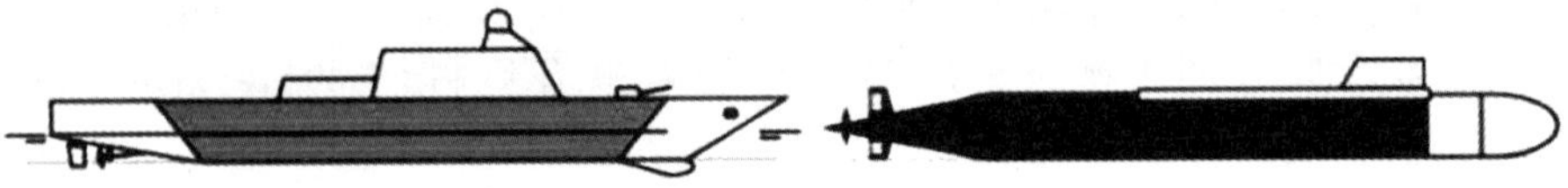

图 1.1　通用的混合式船体结构

注:白色区域表示的是可能提升上述金属舰艇服役性能的复合结构部件的安装位置。

除了技术优势外,在金属舰艇上使用 PMC 还可节省相当大的成本。虽然混合式船体的建造成本通常比传统的单金属船体略高,但其能够显著减小船身质量,从而大幅降低造船成本。此外,其防腐和防污能力也显著降低了维护费用,极大地节省了舰艇的全寿期拥有成本。

1.2　混合式船体的特性

显而易见,混合结构仅包括金属和单材料部件,以及特殊的异质材料过渡结构。对于某些结构部件,如船体外壳,单材料部件占据了混合结构的主导地位,而材料过渡结构通常只包含一个混合(复合材料-金属)接头。至于其他部分,如防弹板或带有金属均载衬垫的复合管道,材料过渡结构基本上代表了整个混合结构。对于这两种主要的替代方案,这种追求的非均质性虽然能够提升功能和操作性能,但对混合式船体的制造技术和结构性能都有很大影响,因此需要对传统的工序进行一定的修改,包括结构设计优化、结构分析、强度评估以及材料加工。

首先,需要开展权衡研究,评估实施混合式船体概念的可行性和技术经济性,以确定复合材料的使用规模,从而针对特定舰艇实现预期的技术效益和成本效益最大化。

混合式船体的结构优化之所以复杂,是因为双材料/多材料结构系统本身就存在多种设计变量。此外,结构异质性带来的另一个挑战是,需要进行必要的结构整合,以实现坚固、可靠且结构高效的复合材料与金属耦合。

分析混合结构时需要考虑到所使用不同材料的属性,但这还远远不够。物理性质的差异可能会导致这些不同部件之间产生相互作用,从而产生额外的机械应力或其他不利影响。例如,由于不同结构部件的电极电位不同,在环境温度变化时,金属零件会发生不均匀的热膨胀;在海水环境中,金属零件还会发生电解腐蚀。这些都体现了这一问题。

另一个性能差异体现在材料过渡结构中不同部件的疲劳性能上。基于这个原因,在短期加载下承载能力优越的零件,在长期负载过程中可能表现出较差的性能。这种变化会因不同部件对环境影响的敏感性不同而加剧。考虑到上述问题,在船舶运行过程中,最薄弱的环节可能会因交替的受力与环境载荷而转移到材料过渡结构上。

对混合结构的制造具有重大影响的一个主要方面,是复合材料零件的加工与材料过渡部件的加工是同时进行的。尽管这为创建复杂的几何形状提供了有利条件,并几乎消除了多次装配和后处理操作,但这要求采用一种“面向制造的设计”方法,即设计时要考虑制造的便利性。

需要进一步加强对质量的控制,从对普通金属船体焊接的常规检查,转向对正在制造的 PMC 部件以及材料过渡结构中其与金属部件接口的全面检查。

大多数情况下,这些特性是相互关联的,增加了设计有效混合结构的挑战性,即如何使材料的服役性能优缺点达到平衡,并最大化整个混合结构系统的运行效益。

1.3 复合材料造船的沿革

合理调整造船使用的复合材料,并从前人经验中吸取教训,在很大程度上保证了混合式船体的成功开发。稍微延伸一下,人们认为诺亚方舟可能是由复合材料建造的,因为其使用的材料不止一种,比如“歌斐木里外都覆盖着沥青”。现代复合材料造船已经有半个多世纪的历史了,船舶的主要船体零件都使用了 PMC。这与船体结构布置的各种趋势、各种材料的组成和接合,以及一系列材料加工技术有关。通常情况下,船体结构和复合材料都是同时制成的,且使用的是同一制造工艺。因此,“面向制造的设计”有别于统一的金属或木质船体结构的习惯设计,它更加适用于复合材料船体。虽然复合材料造船一开始就在追求面向制造的设计,但由于最初缺乏相关经验,这一设计理念发展相当缓慢。全复合材料船的设计演变,很好地说明了复合材料造船的沿革。

事实上,中型玻璃纤维增强塑料(glass fiber reinforced plastic,GFRP)猎雷舰的设计是苏联造船厂在 20 世纪 60 年代初的首创,它基本上复制了传统的金属船体设计。需特别注意的是:1252 型“绿宝石”(北约代号“振亚级”①)和 1258 型“刚玉”(北约代号“叶夫根尼亚级”)猎雷舰于 20 世纪 60—70 年代由苏联设计和建造,是第一代全复合材料舰艇。

这两型猎雷舰的船体都由相对较薄的固体 GFRP 蒙皮组成,由双向框架支撑,包括横向舱壁、横向框架、纵向水平桁以及密集设置的纵向扶强材。图 1.2 是“振亚级”的类金属-复合材料船体设计的横向剖面图,详细展示了船体中部的布局。

从图 1.2 可以看出,该猎雷舰分配了多个结构件来支撑船体外壳,以提供足够的刚性和鲁棒性。与金属船体类似,纵向扶强材的间距通常不超过 500 mm,而且其外形也复制了金属 T 型梁的标准外形。所有耦合结构件都是通过黏合补片而不是金属船体所需的焊接来连接的。

相关的主要出版资料包括 Smirnova 等(1965)、Vaganov 等(1972)和 Skorokhod(2003)的著作,其中描述了设计原则,并阐述了与第一代全复合材料舰艇的船体相关的特殊结构细节,以及使用的各种材料,主要是用缎面玻璃纤维布(T-11-GVS-9)加固的聚酯树脂(PN-609-21M)。对称且平衡的纤维分层(0°/45°/-45°)和(0°/45°/90°/-45°)体现出主要使用

① 此后,这种符号代表俄罗斯与北约的原始分类代码。

了层压制造程序。

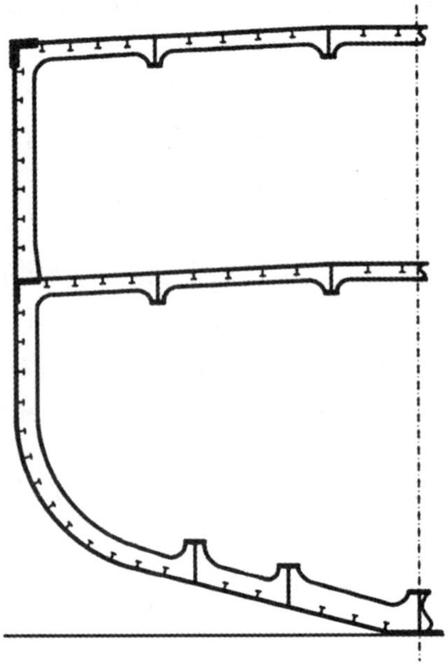

图 1.2 “振亚级”猎雷舰的船中横向剖面图

这两型第一代复合材料猎雷舰——“振亚级”和“叶夫根尼亚级”，都是由苏联列宁格勒的 Zapadnoe PKB（现在的阿尔马兹中央设计局）设计的。苏联列宁格勒庞顿尼的 TD “Sredne-Nevsky Sudostroitelny Zavod”有限责任公司是建造所有“振亚级”和“叶夫根尼亚级”猎雷舰的船厂，建造过程中采用了手糊成型的 GFRP。Skorokhod（2003）撰写的书中的照片，以及互联网上发布的佚名照片都展示了“振亚级”和“叶夫根尼亚级”猎雷舰。

具体而言，“振亚级”是 20 世纪 60 年代末为苏联海军建造的 3 艘 320 t 扫雷舰，分别于 1966 年、1968 年和 1969 年投入使用，并一直服役到 1990 年（Skorokhod，2003）。

“叶夫根尼亚级”猎雷舰包括在 1967 年至 1980 年期间为苏联和外国海军建造的 92 艘猎雷舰。这些舰艇相对较小，只有 94 t，可用于近海工作。

每艘“叶夫根尼亚级”猎雷舰的服役时间都较长，通常约 30 年。其中最新的是 2006 年 3 月退役的 RT-71（Skorokhod，2003）。

在第一代复合材料猎雷舰设计和建造之前，苏联的几个主要科学中心开展了广泛的合作研发，以克雷洛夫国家科学中心（KSRC）为主，其他主要参与者包括国防部第一中央研究所和舰艇建造维修技术中心，以及设计公司和船厂。

他们开展了多种多样的研发，包括制定适合 GFRP 船体的创新设计方案；选择航海级 GFRP 构成；制定与当时船厂环境中特有的大型结构单元建造有关的材料工艺；以及开发不同于传统金属船体使用的结构分析和强度调节程序。

在分析研究和设计的同时，他们还对材料试样和结构模型及原型进行了广泛的力学环境试验，旨在通过试验验证新型技术解决方案的可行性、适用性、耐用性和效率，以及选定数学模型的相关性和有效性。试验计划包括对全尺寸的结构部件和船体隔舱在不同环境下承受静态、疲劳和动态载荷失效试验，这些测试条件与海军舰艇所遇到的恶劣环境是对应的。该研发计划的试验部分以舰船海上试验作为结尾。

总的来说,第一代苏联猎雷舰的运行是相当成功的,在为期25年的服役期内几乎没发生任何错误。“振亚级”和“叶夫根尼亚级”猎雷舰都表现出了良好的结构性能和适航性。这些舰艇值得注意的一大特点是其结构的质量效率高,船体的质量-排水量比低。“振亚级”船体的质量-排水量比为0.281,“叶夫根尼亚级”为0.206(Kobylinsky et al.,1997)。

从本质上讲,这一质量上的优势源于类金属船体中用密集框架来支撑相对较薄外壳的设计。实现这一优势的代价是需要耗费更多的劳动力来制造多个扶强材,进行多次连接,以组装这些船舶的船体。沿袭类金属设计的另一个负面后果是有时粗暴的系泊操作会导致局部穿孔(Yangaev,2008)。

随后几代的全复合材料猎雷舰,其GFRP船体的质量效率通常比较低。紧随着第一代之后是450 t的“威尔顿号”猎雷舰,自1972年开始在海上航行。“威尔顿号”猎雷舰是由英国伍尔斯顿的沃斯珀·桑尼克罗夫特公司建造的。该舰于1970年8月7日铺设龙骨,1972年1月18日下水,1973年7月14日开始服役,1994年退役(Anon,2013a)。

“威尔顿号”猎雷舰是以20世纪50年代用木材和其他非铁磁材料建造的“唐级”(Ton)扫雷舰为基础设计的。其船体的主要材料是玻璃纤维编织的粗纱和聚酯树脂,因此该船具有较低的磁性特征,能够抵抗磁性水雷的威胁。

“威尔顿号”猎雷舰的船体设计不同于苏联之前的复合材料反水雷舰的设计,它明显更倾向于复合材料化。二者之间的区别是,“威尔顿号”猎雷舰的船体是用布置松散的帽形框架来加固一个相对较厚的单层实心蒙皮,图1.3是采用这种结构布置的船中横剖面。

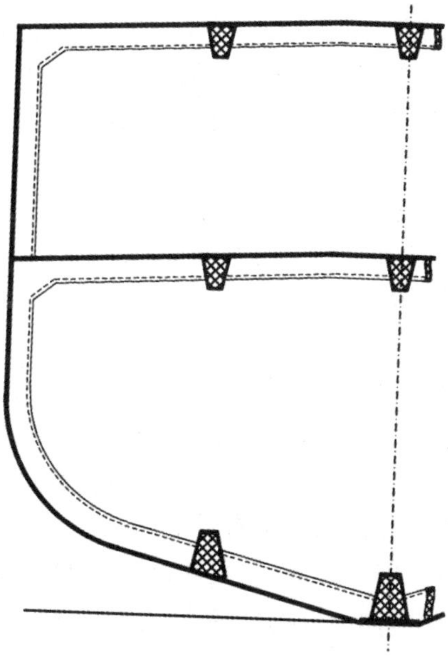

图1.3 “威尔顿号”猎雷舰中横剖面:用帽形框架加固的单层实心蒙皮

Chalmers等(1984)和Smith(1990)以及其他专家的文献,都阐明了由帽形加筋板组成的复合材料船体的设计原理。与T型扶强材相比,这些帽形加筋板的优势主要是易于操作成型,插入轻质泡沫芯就能形成扶强材的轮廓。另一个优势是帽形框架在弹性及稳定性方面的结构效率更高,这一点对扶强材的面内稳定性极其重要。

这些优势带来的负面影响是，由于使用了对水下冲击特别敏感的二次黏合补片，扶强材与蒙皮连接的结构性能降低了。强度下降的主要原因是在补片的内侧底角，即泡沫与外壳的连接处存在应力集中。为了克服这一胶黏剂黏合的弱点，螺栓穿过了蒙皮进行加固，确保接头在受到水下冲击时仍旧保持其鲁棒性。Slemmings（2006）发布了一张“威尔顿号”猎雷舰的侧视图，清楚地揭示了如何使用螺栓加强胶黏剂的黏合效率。

值得注意的是，组合式胶接紧固接头虽然增强了接头对短期静态和动态载荷的抵抗力，但其长期性能几乎没有变化，且与相同材料和形状的普通胶接接头的结构性能基本一致。若不一致，则可能是由紧固件插入产生的应力集中而造成的不利影响引起的，这明显影响了接头的疲劳性能。

组合式胶接紧固接头虽然增强了接头对短期静态和动态载荷的抵抗力，但其长期性能几乎没有变化，且与相同材料和形状的普通胶接接头的结构性能基本一致。人们猜想，造成这一现象的主要原因是紧固件插入产生的应力集中所带来的不利影响。

还应指出，苏联第一代猎雷舰选择T型框架的部分原因是帽形扶强材与船体外壳黏合不足，无法承受动态载荷。

之后，闭模真空辅助灌注材料加工（VIP）技术取得了进展，明显改善了外壳和扶强材黏接的性能（Osborne，2014）。VIP同时应用于船体外壳的成型和帽形扶强材的支撑，实现了无损耦合（Bonanni et al.，2004）。这使得“威尔顿号”猎雷舰船体使用的胶黏剂不再需要进行机械紧固，与T型扶强材相比，更有利于帽形扶强材的应用。

“狩猎级”猎雷舰的排水量为685 t，其设计、建造和操作经验都源自“威尔顿号”猎雷舰。“威尔顿号”猎雷舰是皇家海军的一艘近海猎雷舰，是“狩猎级”猎雷舰的原型。“狩猎级”猎雷舰是英国皇家海军13艘猎雷舰之一。第一艘服役舰“布雷肯号”猎雷舰于1978年下水，全部13艘由沃斯珀·桑尼克罗夫特公司于1980年建成（Anon，2013b）。

与“威尔顿号”猎雷舰相似，“狩猎级”猎雷舰的特点是使用了更多的复合材料。其船体有一个相对较厚的实心层压蒙皮，由玻璃编织的粗纱和聚酯树脂组成。正如Kobylinsky等（1997）所报告的那样，船体外壳是由稀疏放置的泡沫填充的帽形扶强材支撑的，再加上相对低强度的低廉纤维材料，船体的质量便随之明显增加，导致船体质量与排水量之比增加到0.358。

为了提高框架与蒙皮之间的接头对动态载荷的抵抗力，与“威尔顿号”猎雷舰相似，“狩猎级”猎雷舰的黏合剂也进行了机械紧固，特别使用了带螺纹的螺丝。

总的来说，除了船体较重这一缺点外，“狩猎级”猎雷舰的设计导向在复合材料船体的主要特征、结构性能和可制造性方面无疑是有益的。采用的船体布置有利于舰艇所需的鲁棒性和可靠性，符合反水雷舰艇的行动需求，且船体建造的成本保持在一个合理的范围内。这主要是因为使用了相对较厚的低廉玻璃纤维进行加固，并且降低了装配强度以及蒙皮框架耦合过程的工作强度。

1989年至2001年服役的484 t“桑当级”猎雷舰在船体结构布置方面延续了英国“狩猎级”猎雷舰的设计。皇家海军共有12艘“桑当级”猎雷舰，另有3艘出口到沙特阿拉伯。“桑当级”猎雷舰也是由沃斯珀·桑尼克罗夫特公司建造的，这些舰艇具备良好的结构性能和作战经验。

“桑当级”猎雷舰与“狩猎级”猎雷舰的传统设计的明显区别是其底部和主甲板结构支撑是纵向的，据称在质量和建造成本方面优于横向扶强材形式（Shenoi et al.，2008）。应该注意的是,混合扶强材的方向通常会带来更多挑战,即如何确保肋间横向框架上下两端与纵向框架的连接能够维持必要的鲁棒性。

混合扶强材的方向为如何确保纵向结构件与肋间横向框架的稳健耦合带来了更多挑战。

另一个重大改变是使用了西曼复合材料树脂灌注成型工艺(SCRIMP 工艺)。作为传统 VIP 的一种(Osborne,2014),它能在真空条件下将树脂吸入密封的模具内。沃斯珀·桑尼克罗夫特公司的制造技术是以 SCRIMP 工艺为基础的,用于建造整个上层建筑,以及猎雷舰的部分内部结构(Anon,2012a)。

应该强调的是,在长期生产过程中,制造大型玻璃钢结构(如船体部件)使用 VIP 工艺已成为必要。这种转变的主要原因是:在空隙量最小时提高成型层压板质量;可控制纤维体积含量;可较好预测成型 PMC 质量和力学性能;减少健康问题和安全问题。同时,与液体树脂的接触达到了最小化,用过的树脂产生的挥发性成分不会在空气中传播,而是限制在真空袋中。

20 世纪 80 年代在法国建造的 605 t“三伙伴级”猎雷舰是英国设计导向的另一个杰出代表。这款舰艇是由荷兰、比利时和法国三个国家合作设计的,每个国家的海军都有几艘该级别的舰艇。

意大利的“勒里希级”反水雷舰代表了偏向复合材料设计的进一步发展,能够使船体的可制造性最大化。该级别的第一艘舰船是由意大利英特马林(Intermarine)公司于 1982 年为意大利海军建造的。正如英特马林公司和 Rodriquez Cantieri Navali 船厂所言(Anon,2014a),他们为开发创新结构设计付出了巨大努力,这种新结构没有复制传统的钢船或木船结构,但从 GFRP 复合材料的固有特性中获得了最大利益,主要是弹性和灵活性。

在英特马林公司的设计中,主船体纵桁完全变成了重型单体蒙皮,蒙皮厚度为 25~230 mm 不等(Greene,1999),且除了主甲板和舱壁外,没有任何纵向或横向加固件,因此必须通过大幅增加蒙皮厚度来实现强度和刚度。为了实现这一目标,英特马林公司将注意力集中于对非接触式水雷的水下爆炸现象进行动态分析上,摒弃了各种各样的传统结构方案,开发了一种新的船体结构理念。

英特马林公司建造了一个完全代表新猎雷舰设计的原型船体舱来实现其理念。意大利海军对该原型船进行了多次剧烈的水下爆炸试验,取得了很好的效果。几年后,在 1985 年,意大利海军有 4 艘“勒里希级”猎雷舰开始服役。

从那时起,GFRP 猎雷舰的设计和建造就成了英特马林公司的核心业务,同时,随着材料和技术的不断完善和改进,英特马林公司在反水雷市场一直处于领先地位(Anon,2013c,2014a)。

“勒里希级”猎雷舰包括两类:前 4 艘特指“勒里希级”的第一系列,后 8 艘经过了略微修改,称为“勒里希级”第二系列或“吉埃塔级”(Anon,2013c)。

截至目前,澳大利亚、芬兰、意大利、马来西亚、尼日利亚、泰国和美国这 7 国海军都有英特马林公司设计建造且正在服役的反水雷舰(Anon,2013c)。主要原因是这些舰艇的船体非常坚固,十分适合水雷战。同样重要的是,尽管英特马林公司所有的反水雷舰都具有相同的船体结构理念,但它们的配置(在任务和推进系统方面)却大不相同——不同的海军拥有不同的配置,这证明了“勒里希级”猎雷舰的基本设计能够满足具体的操作、后勤和技术要求(Anon,2014a)。

特别是美国海军的"鹗级"沿海猎雷舰，复制了"勒里希级"猎雷舰的设计，也有一个单壳，其单层厚度顶部为 76 mm，龙骨为 200 mm(Anon,1993; Marsh,2004)。

诺斯罗普·格鲁曼公司的造船部门(现为亨廷顿·英格尔斯工业公司)在密西西比州的格尔夫波特为美国海军建造了 12 艘猎雷舰，位于乔治亚州萨凡纳的英特马林公司也参与了当时的建造。这些舰艇在 1993 年至 1999 年投入使用，2006 年至 2007 年退役。

总的来说，"勒里希级"猎雷舰的设计导向对于相对大型的舰艇来说是非同一般的，再加上船体异常坚固、抗破坏性强，给船体制造带来了巨大优势，避免了大量的框架制造，大大简化了通常复合材料舰艇建造所需的船体装配和连接程序。这些因素加在一起，大大降低了劳动强度，同时实现了船体建造的自动化。

这些优势的反面是：船体过重，降低了舰艇的有效载荷能力，减少了携带弹药的数量，增加了燃料消耗，缩短了巡航距离，严重抑制了舰艇的整体性能。

> "勒里希级"猎雷舰的单体设计和船体的卓越鲁棒性和抗破坏性为船体制造带来了巨大优势，因为它避免了大量的框架制造、船体装配和连接操作，使船体的材料铺设和加工实现了高度自动化。这些优势带来的明显反作用是：船体过重，降低了舰艇的有效载荷能力，减少了携带弹药的数量，增加了燃料消耗，缩短了巡航距离，严重抑制了舰艇的整体性能。

此外，过厚的蒙皮影响了船体的材料加工，因为树脂固化所带来的过热问题以及相当大的技术应力，有可能导致 PMC 船体结构过早分层。

全复合材料舰艇设计的另一个主要趋势是由相对较薄的玻璃钢表皮夹层板组成船体，包围着一个通常由聚合物泡沫或轻木制成的轻质芯材。支撑夹层式双层船体外壳的是舱壁、平台/甲板和稀疏布置的框架。由于采用了夹层结构，该外壳还可隔热、吸收噪声。

这不是造船的新方法，但这种设计方案被海军搁置了一段时间，主要原因是表皮与芯材的连接相对不牢固，容易脱胶，在军舰航行中尤其容易受到冲击和/或撞击载荷的影响。随着聚合物胶黏剂、泡沫和 VIP 技术的发展，这一问题便消失了，使用夹层船体设计成为海军主要舰艇的使用惯例(Anon,2008,2012b)。

> 由舱壁、平台/甲板和稀疏布置的框架支撑的夹层式双层船体外壳，是适用于海军的另一种设计方案，该方案的出现要归功于聚合物胶黏剂、泡沫和 VIP 技术的发展，后者能够确保蒙皮与芯材紧密连接。由于采用了夹层结构，该外壳还可隔热、吸收噪声。

特别是，夹层式双层(三明治)船体设计涉及几艘知名的斯堪的纳维亚军舰，包括瑞典的"维斯比级"轻型护卫舰和"兰德索尔特级"反水雷舰(后升级并重新分类为"科斯泰尔级")，丹麦的"弗莱维费斯肯级"巡逻舰，以及挪威的"奥克索伊/阿尔塔级"双体反水雷舰和"盾牌级"巡逻艇等(Anon,2008,2012c,2012d,2014c)。

"兰德索尔特号"是该级 7 艘 360 t 猎雷舰中的首舰，由瑞典的考库姆公司(前身为卡尔斯克鲁纳造船厂)为瑞典海军建造(Anon,2014b)。"兰德索尔特号"于 1984 年开始服役，随后又建造了 6 艘同一级别的猎雷舰，在 1984 年至 1992 年间服役。"兰德索尔特级"反水雷舰的船体由瑞典海军和卡尔斯克鲁纳造船厂开发的玻璃钢制成，这种材料非常耐用，易于修理，而且防火防震。"兰德索尔特号"在瑞典海军服役的 25 年一直坚固可靠，后升级并重新分类为"科斯泰尔级"。

"维斯比号"是"维斯比级"轻型护卫舰的首舰，是目前最著名的复合材料舰艇之一，由瑞典国防装备管理局(FMV)设计，考库姆公司建造。迄今为止，该级别的 5 艘舰艇已经建造完成,其中两艘于 2009 年 12 月开始服役(Anon,2013d)。

"维斯比号"的船体是根据隐身原理设计的,具有大而平的倾斜表面。常规船舶的外部特征隐藏在船体内或专门设计的舱门下。"维斯比号"的排水量为 640 t,它不仅是迄今为止建造的最大复合材料舰艇之一,同时,它还因具有 CFRP 夹层主结构而备受关注,碳纤维/乙烯基酯表皮包围着戴铂公司生产的注册商标为 Divincell 的聚氯乙烯(PVC)结构泡沫芯(Anon,2012c)。

"维斯比级"轻型护卫舰是由考库姆公司建造的,使用缝合的无纺多轴材料制作碳皮。纤维结构和层数会根据对应船体特定部分的强度要求而变化。高达 60 m^2 的面板使用专有的考库姆公司真空辅助夹芯灌注(KVASI)系统进行灌注。每艘船主要分为 3 个部分分别建造。连接这 3 个部分后,整个船体结构要经过 60 ℃的后固化(Black,2003;Marsh,2004)。

每艘"维斯比级"轻型护卫舰由 4 台燃气轮机、2 台柴油机和 2 台喷水驱动装置推进,航速可超过 35 kn。这些舰艇可以打击水雷、潜艇和水面舰船。不得不承认的是,"维斯比级"轻型护卫舰的建造成本是传统钢制轻型护卫舰的 1.5 倍,但考库姆公司对此给出的解释是:"维斯比级"轻型护卫舰的质量仅为传统钢制轻型护卫舰的一半,而且建造成本的差异可以通过降低燃料成本得到补偿。此外,在船舶的整个生命周期中需要的维护更少,有助于在 30 年的航程中降低船舶拥有成本。

挪威的 375 t"奥克索伊号"和"阿尔塔号"是两艘级别几乎相同的战舰。两者之间的差异体现在船尾甲板的设备、声呐的数量和上层建筑的长度上。鉴于这些差异,"奥克索伊级"用作猎雷舰,而"阿尔塔级"则用作扫雷舰。"奥克索伊级"和"阿尔塔级"舰艇都是由克瓦尔纳曼多(Kvaerner Mandal,后来的乌摩曼多(Umoe Mandal))公司建造的。这些舰艇是 55.2 m 长的双体船,在水中移动时,双体船之间会产生一个气垫。前 4 艘"奥克索伊级"船于 1994 年和 1995 年入列挪威皇家海军。1996 年和 1997 年,5 艘"阿尔塔级"舰艇入列(Anon,2012d)。

"盾牌级"巡逻艇在概念上与"奥克索伊级"/"阿尔塔级"舰艇相似,但体积较小,排水量为 273 t。所有这些气垫双体船的船体都是由乌摩曼多公司使用玻璃纤维聚酯和玻璃纤维乙烯基酯层压板在结构聚甲基丙烯酰亚胺(PMI)泡沫芯上建造的。碳纤维复合材料(CFRP)也用于如梁、桅杆和支撑结构等高强度的项目。外表面应该非常平坦以尽量减少反射,并包覆在雷达波吸收材料中。门和舱口盖表面平齐,窗户平齐,没有明显的盖板。当燃气涡轮发动机/柴油喷水混合推进系统以高达 55 km 或更高的速度推进船体时,复合材料更易于展示优异的隐身性,还提供了承受波浪诱导冲击载荷的强度和弹性。船只质量小,还配备了用于产生表面效应的双升力风扇,"盾牌级"巡逻艇可以将自身大约 70%的质量升出水面,并在浅水区航行(Marsh,2004)。

对现有的复合材料船体设计趋势进行简要调研,得出结论时应该强调:无论具体的船体结构如何,任何已实施的设计方案都必须确保必要的结构鲁棒性和船体完整性,以应对所有的载荷和恶劣环境的影响,维持军舰的正常运行。显然,上述所有的船体设计布置都足以满足不同的操作要求和特定军事任务需求,这些任务通常包括航道正常操作、特殊操作和特种军事任务。每种设计方案利用特殊材料成分和铺层、材料工艺和船体组装技术,这些都在很大程度上影响了船体的可制造性、劳动操作强度以及最终的船体建造成本。

船体完整性在很大程度上取决于船体截面和其他结构部件之间接头的服役性能,这是复合材料船体结构的一个关键属性。由于连接处层压结构件的纤维加固不连续,必须用耐久性较差的胶黏剂来补偿,因此接头相当关键。这就假定,无论靠胶接,还是用机械紧固与胶接结合,或采取其他额外措施,都会降低连接的基本船体结构所固有的质量效率。

此外,还有一些因素降低了接头的结构性能。大型复合材料内与接头相关的显著不利因素包括:

· 层压式 PMC 的面外力学性能相对较低;

· 二次(固化后)黏合的强度和可靠性减弱;

· 接头区域变形导致应力集中。

总之,遇到的各种特殊情况使船体部分和结构部件的连接可靠性变得非常复杂,这成为复合材料造船业最具挑战性的一个方面,大大影响了复合材料船体的可制造性、劳动强度和建造成本。因此,主要的设计目标之一是在合理范围内尽可能地减少接头的不利影响。

为满足这一需求,通常会采用一些技术措施,比如使接头数量最少。第一代复合材料猎雷舰采用了类似金属的传统设计,进行了大量胶接。与之相比,"勒里希级"猎雷舰的设计完美地体现了这一概念。

另一个相关的设计原则是将船体分段之间的接缝设置在船体负荷相对较低的区域,或者需要补充材料层来局部增强结构刚度的区域。结构不规则处,例如在主甲板纵梁与船体舷顶列板连接处的船体与甲板的连接,沿龙骨线的半船体接缝,或沿船体底舱的接缝,都是布置在分段间接缝的典型有利区域。

另一个主要特征与结构的质量效率有关,这通常与船体的可制造性和建造成本相悖。如上所述,设计布置显著影响了船体的质量-排水量比,这反过来又改变了军舰的几个关键性能参数,包括有效载荷、武器和其他设备存储量,以及航速和巡航距离。

表 1.1 总结了现有 4 种主要设计趋势的反水雷舰艇船体尺寸和排水量以及船体质量-排水量比,并很好地说明了其相互关系。

当然,船体结构的质量效率和可制造性,这两个主要的性能特征应该与设计、操作、制造和成本因素综合考虑。鉴于此,在早期设计阶段要进行对比研究,以选择在指定的造船设施、建造成本和特定计划船舶的服役性能方面,与船体建造要求最匹配的设计-材料-技术选项。

表 1.1 全复合材料反水雷舰艇的主要船体特点

型号		"振亚级"[a]	"叶夫根尼亚级"[b]	"威尔顿级"[c]	"狩猎级"[d]	"勒里希Ⅰ/Ⅱ级"[e]	"鹗级"[f]	"兰德索尔特级"[g]	"盾牌级"/"阿尔塔级"[h]
国家		苏联	苏联	英国	英国	意大利	美国	瑞典	挪威
入列时间		1966—1969 年	1967—1985 年	1973 年	1980—1989 年	1985 年	1993—1999 年	20 世纪 80 年代	1994—1997 年
满载排水量/t		320	91.3/96.7[i]	450	750	620/697	804	360	375
尺寸/m	长度	42.9	26.1	47	60	50/52.5	57.3	47.5	55.2
	宽度	8.25	5.4	8.9	9.8	9.9	11	9.6	13.6
	吃水	2.14	1.38	2.6	2.2	2.6	3.7	2.3	2.5

表 1.1(续)

型号	“振亚级”[a]	“叶夫根尼亚级”[b]	“威尔顿级”[c]	“狩猎级”[d]	“勒里希Ⅰ/Ⅱ级”[e]	“鹗级”[f]	“兰德索尔特级”[g]	“盾牌级”/“阿尔塔级”[h]
主船体布置	由双向密集布置的T型扶强材支撑的实心蒙皮		实心蒙皮由分散布置的帽形肋骨和纵梁支撑		未加固的实体船体外壳		由稀疏设置的帽框和纵梁支撑的夹层船壳	
船体质量-排水量比[j]	0.28	0.21	0.27	0.36	0.50~0.60	0.50~0.60	0.3	0.30[k]

注:[a] Anon(2013e)。

[b] Anon(2013f)。

[c] Anon(2013a)。

[e] Anon(2014a)。

[f] Anon(2013g)。

[g] Anon(2014b)。

[h] Anon(2012d)。

[i] 修订后的1258E项目。

[j] 根据Kobvlinsky等的评估报告(1997),除非另有说明。

[k] Taby等(2001)。

1.4 先进设计-技术概念

除了已实现的各类船体设计,还有另外一个材料设计技术概念值得介绍。这个概念特点是将合成泡沫纳入船体主要部件的PMC铺层中。这样做的技术优势是相对大型的复合材料制成的船体,其质量效率显著提高。

这个概念在20世纪80年代进行的苏联目标研发计划中得到了探索,该设计概念专门针对排水量在600~1 500 t的全复合材料战舰。这项工作的主要目标是使复合材料船体的质量效率水平接近第一代复合材料猎雷舰,同时通过减少连接操作来大幅降低劳动强度。

复合材料船舶结构工程的所有重要之处,都是通过对船体结构布置、材料组成和制造工艺这三个不可分割的要素进行系统的处理来实现的。

以下专门讨论两种不同的设计技术方案。一种涉及准夹层材料叠层,包括用复合泡沫层代替的纤维材料层;另一种由双层底船体结构组成,能够大大增强船体的纵向刚度和冲击下的坚固性,这两点对海军舰艇的运行至关重要。

传统船体板使用含加强薄实心蒙皮或轻质芯夹层结构,与之相比,含有复合泡沫的准夹层板具有明显更高的结构效率,特别是与抗冲击性相关的结构效率。对各种准夹层结构的探讨,是为了最大限度地提高结构效率,同时减轻建造第一代“振亚级”和“叶夫根尼亚级”猎雷舰的劳动复杂性和强度。

当时而言,这个新颖的概念将“勒里希级”整体式设计方法与斯堪的纳维亚军舰固有的夹层船体结构相结合,例子有“兰德索尔特级”“维斯比级”“盾牌级”和“阿尔塔级”等。经过优化,带有合成泡沫的纤维增强层压板可以在增加船体结构坚固性的同时获得质量优势。

反过来,双层底结构虽然在结构上有优势,但在材料加工方面却有些复杂。这主要是由于双层底结构外部需要进行成型操作,而出于健康和安全的考虑,应避免在封闭的舱室内开展成型工作。

为了克服这个障碍,我们探索了几种创新的技术解决方案。一个是拱形的双底结构。图 1.4 描述了结合准夹层材料铺层的方案,包括所有相关结构组件:船体壳体、二层底、纵骨和大型拱形连接围壁。

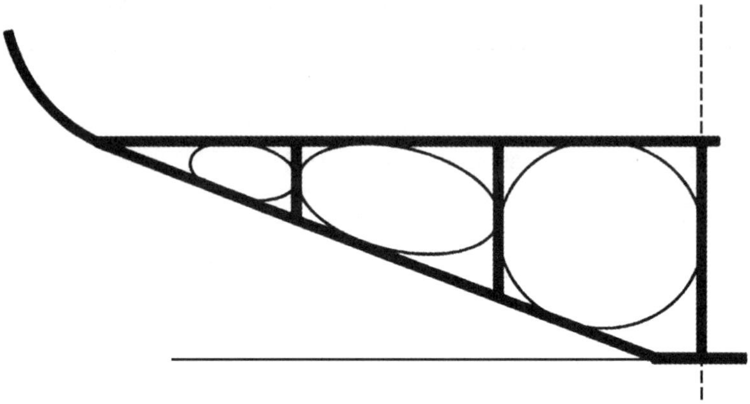

图 1.4　拱形双层底的横截面

图 1.4 的设计考虑了用双层底增加船体的刚性,同时简化船体的装配。复合泡沫制成的拱形 PMC 加固具有三重功能:增强船体刚度,减少纵梁之间的有效跨度(从而增加船体的抗冲击性),以及提供双层底与基体船体和纵梁的适当连接。

这里探讨了一系列与准夹层材料铺设、双层底船体设计有关的创新技术解决方案,以及适合大型复合材料船舶建造的相关制造程序。一些公开的发明(Englin et al.,1980;Frolov et al.,1980;Frolov et al.,1995;Shkolnikov et al.,1979;Shkolnikov et al.,1980a,1980b;Shkolnikov et al.,1982;Shkolnikov et al.,1984;Smirnova et al.,1980)提出了使用建议设计方案的准夹层板和双层底结构的相关技术解决方案。

为了验证引入的技术概念相对于现有标准的结构优势,研究者进行了大量的测试项目,对全尺寸结构部件和双层底原型舱进行动态、静态短期和疲劳长期试验。同时,制定了一套设计指南,辅助预期设计工作,旨在运用新概念来建造未来的复合材料海军舰艇。其中一些准则现在已经生效(如参考文献 OST 5.1001-80 和 RD 5.1186-90)。

12660 项目——“鲁宾级”远洋猎雷舰,重 1 150 t,长 67.8 m,由低合金低磁钢建造(Skorokhod,2003),被用作新一代大型复合材料目标船的原型。

由于俄罗斯在 20 世纪 80 年代至 21 世纪发生了众所周知的政治和经济变化,俄罗斯海军部队在苏联解体后被多次缩编。正如 Barabanov(2004 年)所承认的,1991 年后,俄罗斯海军猎扫雷舰的研制工作几乎停止,只建造了几艘扫雷舰,这些扫雷舰是 20 世纪 70—80 年代设计的,在苏联解体前就已设计完毕。

令研发人员和操作人员失望的是,“鲁宾级”远洋猎雷舰的复合材料版一直没有实现。不过,伴随研发工作的实施,出现了很多有利的技术解决方案,部分反映在一些发明中

(Frolov et al.,1980; Frolov et al.,1995; Shkolnikov et al.,1980a, 1980b; Shkolnikov et al.,1982; Shkolnikov et al.,1984; Smirnova et al.,1980),至今仍未被超越。

值得一提的是,最近俄罗斯恢复了建造大型全复合材料反水雷舰的计划。为此,俄罗斯造船厂已经成功地建造了一个相当大的全复合材料船体,适用于反水雷和巡逻舰(Nekhai,2011)。这是一艘排水量近 1 000 t 的船,船体长 70 m,高 8 m。采用计算机控制的 VIP 对玻璃和碳布的组合进行加工。船体为整体式外壳,配备甲板和舱壁组件。这项工作由 Srednc-Ncvsky 造船厂进行,这个船厂也承接了俄罗斯海军的新 12700 项目,即亚历山大(Aleksandrit)港级 800 t 扫雷舰,舰船设计方为阿玛斯中央海事设计局(Anon,2013h)。据报道,它将是一艘最先进的全复合材料船,性能超过其他该型号的现有船只。亚历山大系列的第一艘船于 2011 年 9 月 22 日正式开始建造船体,2012 年 12 月 29 日完成(Anon,2013i),最初计划于 2013 年年中下水,改期为 2014 年 6 月(Karpenko,2014)。

应该注意的是,尽管在过去的 50 年里,复合材料造船技术取得了一些进展,但在使用有利的 VIP 技术来模制亚历山大系列船体过程中,其结构布局基本上复制了 20 世纪 60—70 年代建造的第一代苏联复合材料猎雷舰的结构布局。从 Anon(2011)中的照片可以看出,T 型横向肋骨和其他扶强材用作船体外壳的主要加固物。之所以保留这种传统设计,是因为必须通过二次黏接来连接船体外壳和扶强材。在这种情况下,即使帽形扶强材在质量效率、降低成型和船体组装操作的劳动强度,以及降低整体施工成本方面具有一定优势,但 T 型扶强材仍是一个比较好的选择,因为 T 型扶强材是与船体外壳同时成型的。

参考文献[①]

Aleshin, M. V., Bulkin, V. A., Gavrilov, V. G., Kozlov, C. V., Ryabkin, V. C., Fedonyuk, N. N. 2011. Composite Superstructure of Seagoing Ship. Patent 2318694, Russia (из Полимерного Композициогоиного Материала Морского Судна)

Anon, 1993. USS Osprey (MHC-51) Minehunter. Available from www. militaryfactory. com/ships/detail. asp? ship_id=USS-Osprey-MHC51.

Anon, 2008. Landsort Class Mine Countermeasures Vessel, Sweden, Naval Technology. Available from http:// web, archive, org/ web/ 20080405211435/ http:// www. naval-technology. com/project-printable. asp? ProjectID=1516.

Anon, 2011. Aft View of Alexandrite MCMV Project 12700. FlotProm, September 28 (Вид в корму корабля ПМО "Александрит" проекта 12700). Available from http: / flotprom. ru/ media/ photo/ index. php? PAGE_NAME = detail&SECTION ID = 3759& ELEMENT D=92349.

Anon, 2012a. Sandown Class, United Kingdom, Naval Technology. Available from http: / www. naval-technology. com/projects/sandown/.

Anon, 2012b. Landsort/ Koster Class Minehunter, Sweden, Naval Technology. Available from http: / www. naval-technology. com/projects/landsort/.

Anon, 2012c. Visby Clss, Sweden. Available from http://www. naval-technology. com/projects/

① 译者注:为便于读者阅读与查考,在翻译的过程中,本书参考文献均与原著保持一致。

visby/.

Anon, 2012d. Oksoy and Alta Class, Norway. Available from www. naval－technology. com/ projects/ oksoy/.

Anon, 2013c. Mine Countermeasure Vessels, Intermarine SpA. Available from http: //www. intermarine. it/ en/ products/ defence/ mcmv.

Anon, 2013a. HMS Wilton (M1116), Wikipedia. Available from http: //en. wikipedia. org/ wiki/ wilton_ class minesweeper/minehunter.

Anon, 2013b. Hunt－Class mine countermeasures vessel, wikipedia. Available from http: / en. wikipedia. org/ wiki/ Hunt－class _ mine _ countermeasures_vessel.

Anon, 2013d. Visby－Class Corvette, Wikipedia. Available from http: // en. wikipedia. org/wiki/ Visbv－class corvette.

Anon, 2013e. Zhenya Class Minesweeper, Wikipedia. Available from http: // en. wikipedia org/ wiki/Zhenya_class_minesweeper.

Anon, 2013f. Yevgenya Class Minesweeper, wikipedia. Available from http: //en. wikipedia org/ wiki/Yevgenya_class_minesweeper.

Anon, 2013g. Osprey Class Coastal Minehunter, wikipedia. Available from http: //en. wikipedia. org/wiki/Osprey_class_coastal_minehunter.

Anon, 2013h. Alexandrite－Class Minesweeper, Wikipedia. Available from http: //en. wikipedia. org/ wiki/ Alexandrit－class_minesweeper.

Anon, 2013i. Sredne－Nevsky Shipyard. Available from http: // snsz. ru/ :p=669&lang－en.

Anon, 2014a. Lerici－Class Minehunter, Wikipedia. Available from http: //en. wikipedia. org wiki/ Lerici－class minehunter.

Anon, 2014b. Landsort Class MCMV, wikipedia. Available from http: // en. wikipedia. org/wiki/ Landsort class mine countermeasures vessel.

Anon, 2014c, Flyvefisken－Class Patrol Vessel. Available from http: //en. wikipedia. org/wiki/ Flyvefisken－class_patrol_vessel.

Anon, n. d. MSMVs(Минно－Тральные Корабли). Available from http: / sh81 46. narod. ru/ photoalbummtk. html.

Arkhipov, A. V., Bulkin, V. A., Lazarev, A. M., Ogloblin, Y. F., 2006. Application of PMc for naval surface vessels (eftectiveness and perspectives). Strength Design of Surface Ships of PMC Works of KSRC 27 (311). 6－22. (Применение Полимерных Композиционных Материалов Надводном Кораблестроении－Эффек－тивностьи Перспективы).

Barabanov, M., 2004. A Survey of Russian Naval Forces: The Surface Fleet in Decline World Affairs Board. Available from www. worldaffairsboard. com/ showthread. php? s = 6c6baa6b2664c7adbc1340927892a9ab&t=3630.

Barsoum, R. G. S., 2002. Hybrid Ship Hull. Patent 6386131. USA.

Barsoum, R. G. S., 2003. The best of both worlds: hybrid hulls use composite steel. AMP－TIAC Quarterly 7(3), 5561, Available from http: // ammtiac. alionscience. com/pdf/AMPQ7_ 3ART08. pdf.

Barsoum, R. G. S., 2005. Hybrid Ship Hull. Patent 6941888, USA.

Barsoum, R. G. S., 2009. Application of hybrid hull concept to high speed high performance ships craft. In: Proceedings of High Performance Marine Vehicles Symposium, ASNE. Linthicum. MD. November 9-10.

Black, S., 2003. Fighting ships augment combat readiness with advanced composites. High-Performance Composites 30-33. September.

Bonanni, D. L., Telegadas, H. K., Caiazzo, A. A., 2004. Testing and analysis of hat-stiffened panel details for navy composite applications. In: The 49th International SAMPE Sym-posium and Exhibition, CD-ROM Edition, Covina, Califomia.

Chalmers, D. W., Osborn, R. J., Bunney, A., 1984. Hull construction of MCMVs in the United Kingdom. In: Proc. of Int. Symp. Mine Warfare Vessels and Systems, London, UK.

Critchfield, M. O., Morgan, S. L., Potter, P. C., 1991. GRP deckhouse development for naval ships. In: Advances in Marine Structures. Elsevier. London. pp. 372-391.

Critchfield, M. O., Kuo, C. T., Nguyen, L. B., 2003. Hybrid Hull Construction for Marine Vessels. Patent 6505571 B1. USA.

Englin, R. K., Shkolnikov, V. M., Frolov, S. E., Smirnova, M. K., 1980. Method of Joining of Hull Structural Members ofGFRP Ships. AC# 762322, USSR (Способ Соединения Корпусных Элементов Стеклопластиовых Судов).

Frolov, S. E., Shkolnikov, V. M., Englin, R. K., Smimnova, M. K., 1980. GFRP Panel of Ship Hull. AC# 778067. USSR (Перекрытие Корпуса Судиа из Стеклопастика).

Frolov, S. E., Shkolnikov, V. M., Smimova, M. K., Englin, R. K., 1984. Method of Construction of GFRP Ship. AC# 1064581, USSR (Способ Постройки Корпуса Судна из Стеклоплопластика).

Frolov. S. E., Shkolnikov, V. M., Timofeev, B. R., Yarcev, B. A., 1995. Method of Manufacturing of Multi-layer Composite Structures. Patent 2050284, Russia (Расшительное Соедние частей Судовой Судовой Надстройки).

Greene, E., 1999. Marine Composites, second ed. Eric Greene Associates, InC., Annapolis, Maryland, 377PP. Available from http: // ericgreeneassociates. com/images/MARINE COMPOSITES. pdf.

Hackett, J. P., 2011. Composites road to the fleet-a collaborative success story. Special Report 306: Naval Engineering in the 21st Century. The Science and Technology Foundation for Future Naval Fleets, Northrop Grumman Shipbuilding - Gulf Coast, 36pP. Available from http: / onlinepubs. trb, org/onlinepubs/nec/61810Hackett. pdf.

Horsmon Jr., A. W., 2001. Lightweight composites for heavy-duty solutions. Marine Tech-nology 38(2), 112-115.

Kacznelson, L. I., Aleshin, M. V., Bulkin, V. A., Zhegina, V. V., Gorev, Y. N., Sobolevsky, A. A., Samarin, V. S., 2009. Radio-transparent Part of Metal Hull. Patent 2371348. Russia (Конструкция Радиопрозрачной Части Металлического Корпуса).

Kobylinsky, A. V., Paliy, O. M., Spiro, V. E., Fedonyuk, N. N., Fisay, G. V., Frolov, S. E., 1997. Experience and perspectives of polymer matrix composites application for naval surface vessels. In: Proc. of the Second Internatonal Conference and Exhibition on Marine Intellectual Technologies (MORINTECH-97), 4, Intellectual Technologies in Applied Research, Russia,

SPb, Pp. A3. 17. 1-A3. 17. 10(Опыт и Персективы Исполвзования Полимерных Композиц ионных Материаловв Надводном Кораблестроении).

Karpenko, A. V., 2014. Base Minesweeper Project 12700 Alexandrite (Базовый Тральщик Проекта 12700 "Апександрит"). Weapons of Fatherland, Domestic Weapons and Military Equipment, June 10. Available from http: bastion-opk. ru/12700-alexandrite/.

Kudrin, M. A., Maslich, E. A., Shaposhnikov, V. M., 2011. Assessment of stress-strain state of long composite superstructures. Works of KSRC 1(58(342)), 55-58, Russia, SPb KSRC (in Russian).

Lackey, E., Hutchcraft, E., Vaughan, J., Averill, R., 2006. Zapped electromagnetic radiation and polymerc composites. Composites Manufacturing. May, 7pp.

Marsh, G., 2004. Can composites become serious seagoers? Reinforced Plastics October, 20-24.

Maslich, E. A., Appolonov, E. M., Kudrin, M. A., Fedonyuk, N. N., Shaposhnikov, V. M., 2009. Expansion Joint of Ship Deckhouse Parts. Patent 2402453, Russia(Расширительное Соедине Частей Судовой Надстройки).

Mourit, A. P., Gellert, E., Burchill, P., Challis, K., 2001. Review of advanced composite structures for naval ships and submarines. Composite Structures 53, 21-42.

Nekhai, O., 2011. Innovations in Russian shipbuilding. Moscow Time, August 19. Available from http: / english. ruvr. ru/2011/08/19/54895970. html.

Osborne, T. 2014. An introduction to resin infusion. Reinforced Plastics, 25-29. January/February.

OST 5. 1001-80, n. d. GFRP Ships, Structural Joints (Суда ПласТмассовые, Детали Узлы Соединений Корпусных Конструкций).

Potter, P., 2003. Surface ships put composites to work. AMPTIAC Quarterly 7 (3) 55-61, Available from http: / ammtiac. alionscience. com/pdf/AMPQ73ART05. pdf.

RD 5. 1186-90, n. d. Composite Hulls and Hull Structures. Design Rules and Methods of Strength Analysis, USSR (Корпуса и Корпусные Конструкции из Стеклопластика. Правила Проектирования и Методич еские Указания по Расчетам Прочности).

Shenoi, R. A., Wellicome, I. F. (Eds.), 2008. Composite materials in maritime structures. In Cambridge Ocean Technology Series 5. vol. 2: Practical Considerations. November 324p.

Shkolnikov, V. M., 2011. Structural Component for Producing Ship Hulls, Ship Hulls Con-taining the Same, and Method of Manufacturing the Same. Patent 8020504. USA.

Shkolnikov, V. M., 2013. Material-Transition Structural Component for Producing of Hybrid Ship Hulls, Ship Hulls Containing the Same, and Method of Manufacturing the same patent 8430046. USA.

Shkolnikov, V. M., Englin, R. K., Frolov, S. E., Smirnova, M. K., 1979. Method of Manufacturing of Ship's GFRP Double Bottom. AC# 728321, USSR(Способ Изго-овления Двойного Дна Корпуса Судна из Стеклопластика).

Shkolnikov, V. M., Englin, R. K., Frolov, S. E., Smirnova, M. K., 1980a. GFRP Ship Hull with Double Bottom. AC# 747052, USSR (Корпус Судна Из Стеклопластикас Двойным Дном).

Shkolnikov, V. M. , Frolov, S. E. , Smirnova, M. K. , Englin, R. K. , 1980b. Method of Joining of Hull Structural Members of GFRP Ships. AC # 762322, USSR (Способ Соедине – ния Корпсных Элементво Стеклопластиковы Судов).

Shkolnikov, V. M. , Englin, R. K. , Frolov, S. E. , Smirnova, M. K. , 1982. Joining of Hull Longitudinal and Transverse Structural Members of GFRP Ship Hull. AC# 904260, USSR(Узеп Соединения Продольных и Поперечных Связей Корпуса Судна из Стеклопластика).

Shkolnikov, V. M. , Englin, R. K. , Frolov, S. E. , Smirnova, M. K. , 1984. Method of Manufacturing of GFRP Ship Double Bottom. AC # 1067739, USSR (Саоcоб Изго – товления Двойного Дна Корпуса Судна Из Стеклопластика).

Shkolnikov, V. M. , Dance, B. G. I. , Hostetter, G. J. , McNamara, D. K. , Pickens, J. R. , Turcheck Jr. , S. P. , 2009. Advanced hybrid joining technology – OMAE2009 – 79769 In: Proceedings of the ASME 28th International Conference on Ocean, Offshore arctic Engineering, OMAE2009, Honolulu, Hawail, May 31–June 5. 8pp.

Skorokhod, Y. V. , 2003. Soviet Mine Countermeasures Vessels (1910—1990), Russia, SPb KSRC, 230pp (Отечественные Противоминные Корабли(1910—1990)). Available from http: // war. kruzzz. com/ files/ Surface_ fleet/ P ships_Skor. pdf.

Slemmings, B. , 2006. Former HMS wilton Side Detail, flickr, July 24. Available from http: / www. flickr. com/photos/barryslemmings/sets/72157594209983460/detail/.

Smirnova, M. K. , Ivanov, A. P. , Sidorin, Y. S. , Sokolov, B. P. , 1965. Strength of Ship Hull of FRP(Прочность Стеклопластика). Shipbuilding, USSR, Leningrad, 332pp.

Smirnova, M. K. , Frolov, S. E. , Shkolnikov, V. M. , Englin, R. K. , 1980. Method of Joining of Crossing Structural Members of GFRP Ship Hull. AC# 762321, USSR (СПособ Сое – динения Перешивающихся Элементов Набора Судового Корпуса из Стеклопластика).

Smith, C. S. , 1990. Design of Marine Structures in Composite Materials. Elsevier Applied Science. New York, NY, 389pp.

Taby, J. , Høyning, B. , Hjelmseth, A. , 2001. GRP in Naval Applications, Possibilities and Production Aspects, RTO–MP –069 (Ⅱ) Norway. Available from http://ftp. rta. nato. int/ public/PubFullText/RTO/MP/RTO–MP–069–11/MP–069(1D) –(SM1) –11. pdf.

Vaganov, A. M. , Kalmychkov, A. P. , Freed, M. A. , 1972. Design of Hull Structures from Glass-fiber Reinforced Polymers, USSR. Leningrad: Shipbuilding, 137pp. (Проектир – ование Корпусных Конструкций из Стеклопластика).

Yangaev, M. S. , 2008. Inshore Minesweeper Project 1258 “Corundum”, Information Portal of Veterans of the 47 BK OVR KTOF (Рейдовый Тральщик Проекта1258 “Корунд”). Available from www. 47br–ovra. com/diviziony–tralshchiki/187–divizion/project–1258.

第 2 章　现有和未来的混合式船体结构

2.1　混合式水面船的复合材料上层建筑

诸如舱壁、甲板、基座、喷水推进器外壳和进气道等各种结构，由复合材料制成或许颇有益处；作为传统金属水面舰船关键部件的上层建筑，替换为复合材料貌似也非常合适。应用复合材料，首先成品的质量大大减轻，而且上层建筑在全船总纵弯曲载荷作用下对船体承载贡献不大，却大大减少了舰船的目标特征，降低了维护费用，这是人们对舰船上层建筑结构应用复合材料日益关注的主要因素。

由于减少了燃料消耗和维护费用，质量的减轻使得舰艇速度更快、航程更远、载重量更大，且运营成本大幅降低。质量减轻与上层建筑相关，也有助于提高舰艇的稳定性和适航性。

只要对 PMC 结构复合体进行微小改变，复合材料板就能够在不增加任何质量的情况下，提高隔音和隔热以及对电磁波的吸收能力。这能够减弱舰艇自身辐射和/或反射的特征信息，从而增加舰艇整体的隐身性能(Lackey et al. ,2006)。总之，基于以上所有原因，复合材料在大型金属舰船上的应用越来越广泛，特别是在上层建筑上。

> 如今，复合材料在以金属为主的大型舰船上应用越来越普遍，尤其是水面舰船上层建筑结构和潜艇外壳结构。

船舶隐身技术的发展始于 20 世纪 70 年代。1984 年，洛克希德 · 马丁公司为美国海军建造了一艘名为“海影号”(IX-529)的隐身试验船，这代表了初期努力的第一个显著成果。正如 Chatterton 等(1994)所宣称的，“海影号”展示了当时可用的几种先进船舶技术和船舶系统的应用。

Morylyak(2009)强调，“海影号”已经利用了所有减少船舶目标特征的手段，包括利用小水线面双体船(SWATH)结构的船体合理构型、应用复合材料以及雷达波吸收外部涂层。为了展示如何实现低雷达反射率，“海影号”选择了一种舰船并不常见的外观(Nye,2012)。

多个发达国家已经开展了具有隐身能力的复合材料上层建筑的同步研发工作。在苏联，最初的工作是致力于开发一种具有雷达波吸收能力的 GFRP 基结构材料——克罗纳(Krona)。1979 年，在一艘“叶夫根尼亚级”扫雷艇上安装了一个由克罗纳材料制成的驾驶室，并在波罗的海进行了试验，验证其结构和雷达波吸收能力。经验证，该结构达到了所有规定的要求。

法国也开展了类似的研发工作，并促成了由法国海军防务公司建造的“拉法耶级”(La Fayette)护卫舰(一种 3 000 t 级轻型多任务舰)的系列化建造。“拉法耶级”是世界上第一艘从龙骨开始设计提升隐身性和生命力的作战军舰。该级舰艇的特点是采用模块化设计，可以快速适应每个客户的具体要求(Le Lan et al. ,1992)。与传统设计相比，它们的雷达散射截面少，这是通过非常简洁的上层建筑、倾斜的侧面和轻木夹芯板内的雷达波材料实现的，这些夹芯板由基体为聚酯树脂的 GFRP 制成。“拉法耶级”的甲板室和甲板结构都是由 GFRP 制成的，用以减轻质量，并达到比铝更好的防火性能。轻木具有低炭化、低烟和低有毒副产物的特点，也具有良好的防火性能，这是军舰设计中的重要要求。

自“拉法耶级”问世以来，世界各地已经按照同样的隐身规则设计和建造了许多现代战舰。这些舰艇的船体通常至少有一个复合材料上层建筑，这已成为当今主要军舰的一个共同特征。

第 1 章所讨论的与全复合材料船有关的所有船体设计配置，基本上都适用于复合材料部件和其他以金属为主的混合式船体的结构部件。然而，传统的夹层结构一般采用轻质泡沫或轻木为芯材，原因是想尽可能减少加强筋的数量，从而在降低成本的同时保留结构的刚度，以满足传感器的安装要求。下面简要描述一些已实际生产的复合材料上层建筑的典型示例，以及一些尚未投产的示例。

Hackett(2011)详细介绍了将复合材料引入美国海军造船业的历史，以及墨西哥湾沿岸的诺斯罗普·格鲁曼造船厂(现在是亨廷顿·英格尔斯工业公司，简称 HⅡ)造就的美国海军舰队，该船厂是美国海军引入复合材料造船的主要贡献者。其中一个成功案例是先进封闭式桅杆/传感器系统(AEM/S)概念的开发，加速了“圣安东尼奥级”(LPD-17)两栖攻击舰的研发。另一个案例是 DDG-51“阿利伯克级”驱逐舰 Flight ⅡA 的复合材料机库，虽然它未被列装，但提供的经验教训具有一定价值。这艘复合材料高速舰船展示了复合材料在其 88 m 长的船体前 1/3 处的应用。这些大型复合材料结构的成果使得下一步目标能够实现，即拥有嵌入式天线和低可观测性的复合材料上层建筑；采用复合材料上层建筑的 DDG-1000 型“朱姆沃尔特级”驱逐舰成为美国海军首批拥有如此装备的大型舰艇。

传统的船用桅杆因桅杆本身的结构而阻挡了传感器，由于处于腐蚀性环境中，存在传感器维护和保护问题，并且由于构件数量多、形状多样且具有很多的雷达散射截面，因此需要新一代的桅杆来弥补这些不足。

正如 Hackett(2011)所述，复合桅杆/传感器系统解决了传统桅杆的所有缺点，它将传感器封闭在桅杆结构内，并通过一个扁平的面状反射壳来减少桅杆的雷达散射截面。这可以保护桅杆内的传感器免受恶劣的海洋环境和废气中腐蚀性气体的影响，同时也为传感器维护提供了更安全的条件。包围雷达的复合结构被调谐至与它后面的雷达同频率，这使得该复合结构仅允许某些频率进入和离开复合桅杆的外壳，而反射所有其他频率。

桅杆/传感器系统先进技术演示(ATD)的桅杆是一个 26.5 m 高的六边形结构，宽度为 10.7 m，是有史以来为船舶结构建造的最大的复合材料部件之一。它于 1996 年建造，并于 1997 年 5 月安装在“斯普鲁恩斯级”驱逐舰“亚瑟·拉德福德号”(DD-968)上(Hackett, 2011)。该船的整体尺寸为：长 172 m，宽 16.8 m，吃水 8.8 m，满载排水量 9 200 t(Anon, 2013a)。

通过树脂浸渍模塑成型工艺将 40 t 的结构分成两半制造。整个结构采用了传统的海洋复合材料(无碱玻璃纤维、乙烯基酯树脂和轻木及泡沫芯材)。机械螺栓接头放置在结构的中间和底部(Greene, 1999; Mouritz et al., 2001)。

在几次意外情况中，桅杆的坚固性得到了证明。1999 年 2 月，“亚瑟·拉德福德号”在弗吉尼亚州诺福克海岸附近的夜间作业中与“沙特利雅得号”发生碰撞，该船重 29 260 t，长 200 m，是一艘滚装集装箱船。虽然“亚瑟·拉德福德号”遭受了严重损坏，但没有人员伤亡，也没有对桅杆/传感器系统的桅杆结构造成损坏。此外，在“亚瑟·拉德福德号”上，桅杆在海上经历了一次暴风雨,桅杆结构和天线也未受损(Hackett, 2011)。

总的来说,该项目被认为取得了圆满成功,超过了其所有的指标。所获得的经验为之后实现“圣安东尼奥级”(LPD-17)登陆舰的计划奠定了坚实的基础,该计划要求减少两栖舰的雷达散射截面特征。Hackett(2011)表示,桅杆/传感器系统是美国海军舰艇上安装的迄今为止最大的复合材料结构,除了诺斯罗普·格鲁曼船厂参与建造外,还有美国海军的一些机构、工业和学术界的代表也参与了桅杆/传感器系统的开发、设计和建造。

新的桅杆/传感器系统是一个高 28.3 m 的大型八边形结构,直径为 10.7 m,由多层、频率可选的复合材料构成,旨在允许船舶自身的传感器频率以极低的损耗通过,同时反射其他频率。

桅杆的形状被设计成平滑的轮廓以减少雷达散射截面。其特征和电磁设计要求基于与传感器和天线性能、电磁干扰、防雷电磁屏蔽以及电气连接和接地相关的标准(FAS, 2011)。桅杆/传感器系统的概念完全改变了舰艇顶部的外观,并通过减少雷达散射截面特征信号和提高传感器性能来提高作战能力,同时大大降低了桅杆和天线的维护成本。

美国海军计划在“圣安东尼奥级”(LPD-17)登陆舰的每艘舰上安装复合材料桅杆,该级舰总长度为 208.5 m,宽度为 29.5 m,吃水为 7 m,满载排水量为 25 000 t。文献(Anon, 2013b)中的照片展示了“圣安东尼奥级”登陆舰的外观,包括前桅和后桅。Mouritz 等(2001)在英格尔斯工业集团旗下阿冯达尔船厂的“圣安东尼奥级”(LPD-17)登陆舰上展示了复合桅杆/传感器系统的安装效果。

关于在 DDG-51 型“阿利伯克级”驱逐舰 Flight ⅡA 上安装复合机库结构的研究结果,虽然未被使用,但也可作为经验。相关研发计划于 1991 年启动,侧重于探索一种想法,即带有复合材料板的金属骨架是制造机库模块等舰载复合材料模块的一种经济方式。

复合材料板为标准尺寸,并被黏附在焊接钢架上。正如 Hackett(2011)所描述的那样,与其他材料和制造方法相比,在考虑建造一个大型综合复合材料结构时,这种方法可能会减轻质量。

为了探究如何将非磁性复合材料板集成到船厂设施中,这些面板被运到英格尔斯工业集团进行储存和处理。在一段直升机机库后面,建造了一个高约 6.1 m、长 6.1 m、宽 3.05 m 的双层结构,内部配备了典型的船舶系统,如管道及其吊架、灯具、配电板等。随后对已安装好的机库模块进行抗爆炸测试,以确定结构和装备技术的生命力。

Hackett(2011)承认,这一研究并没有如预期那样减轻成品的质量,因为就机库而言,梁(框架)的尺寸足以承担整个负载,而复合材料板只是为了抵御恶劣天气。因此,金属框架比全复合材料的单一结构要大得多,也重得多。Hackett(2011)认为,这一过程提供了宝贵的经验。

尽管存在误解,但上层船舶结构的前述工程经验作为一个整体,为 DDG-1000“朱姆沃尔特号”驱逐舰的上层甲板室(上层结构)使用复合材料奠定了基础,这是有史以来最大的复合材料结构。甲板室重约 900 t,机库重约 200 t(Lundquist, 2012)。复合干舷结构由位于密西西比州格尔夫波特的英格尔斯工业集团制造,由该船的主要承包商通用动力公司(缅因州巴斯钢铁厂)进行监督,然后运往缅因州,在美国海军 DDG-1000“朱姆沃尔特号”驱逐舰上组装。

LeGault(2010)称,DDG-1000“朱姆沃尔特号”驱逐舰的七层甲板室长 48.8 m,宽 21.3 m,高 19.8 m。下面三层是钢结构,而上面四层顶部结构是由轻木涂层的碳纤维和乙烯基酯夹层板制成的。复合干舷结构长 39.6 m,宽 18.3 m,高 12.2 m,包含先进的雷达系统和任务规划与控制中心。

该舰还配备了由相同材料制成的复合材料直升机机库。具体来说,甲板室采用了夹层结构,在东丽 T700 12K FOE 碳纤维和 510A 乙烯基酯树脂制成的表皮之间采用了轻木。将 T700 纤维编织成三种不同的织物图案,一种是 410 g/m^2 的非卷曲±45°缝合材料,一种是 680 g/m^2 的黏合单向材料,还有一种是 300 g/m^2 的平纹 0°/90°织物。大部分顶部夹层结构所使用的轻木芯兼具良好的力学性能、耐火性能和经济性。

提供的轻木有三种不同的密度:0.16 g/cm^3、0.24 g/cm^3 和 0.32 g/cm^3;但对于需要异常高剪切强度的板材,则使用 0.53 g/cm^3 的复合泡沫塑料作为芯材,也就是宏芯®——一种高性能、可灌注的材料,具有高剪切强度,完全各向同性。它是一种由马萨诸塞州阿特波罗市的工程复合系统(ESS)生产的、用于严苛的复合材料核心的高耐热宏芯复合产品。整个甲板室在所有关键连接区域使用了超过 99 m 的宏芯(Anon, 2014f)。

与标准的轻质芯材相比,以复合泡沫塑料为芯的复合材料层板组合体更为坚固,抗冲击和抗振性能也更佳。

LeGault(2010)和 Lundquist(2012)强调,甲板室的上层建筑是由平坦的真空绝热板构成的,长 36.6 m,宽 18.3 m。在铺设外部加固织物、轻木芯和内部织物之前,工具通常都涂有脱模剂。编织玻璃布的脱模布通常也放置在工具或面板的外侧。浸泡和固化后,将脱模布剥离,为二次黏合和装配提供干净、可黏合的表面。表皮通常由几种不同类型的织物组成,厚度为 3.2 mm,而轻木芯依据结构和功能要求,厚度为 50.8~76.2 mm。

例如,在一个典型的壁板中,将无弯曲的±45°缝制织物与 0°/90°平纹织物结合使用,以产生准各向同性效果。单向织物则用于需要更高单向刚度的区域和结构,比如用于支撑直升机库大开阔区域的梁是由放大的单向材料制成的。灌注和固化的面板通过层压板或“截面”进行组装,以促进垂直面板对垂直面板和水平面板对水平面板的黏合,在垂直和水平面板之间使用楔形块,使用结构腻子将楔形块固定在面板形成的 90°角之间,用碳纤维织物包裹并注入树脂(LeGault, 2010)。

Lundquist(2012)展示的照片是“朱姆沃尔特号”驱逐舰甲板室复合材料的部分制造情况,而 Levy(2013)展示了与驱逐舰主金属船体集成的相同情况。

我们所追求的主要优势是在制造过程中能够减轻质量,在结构中能够嵌入系统(如天线),而用钢和铝做不到这两点。事实上,DDG-1000“朱姆沃尔特号”驱逐舰的甲板室主要特点之一就是天线(或孔径)直接嵌入结构本身。

甲板室结构也覆盖有雷达波吸收材料,多措并举,DDG-1000“朱姆沃尔特号”驱逐舰的设计在很多方面减少了目标特征,这艘超过 14 000 t 的舰艇具备了小型渔船上的雷达反射面积(Lundquist, 2012)。

“朱姆沃尔特号”驱逐舰虽然采用了经过真空绝热处理的夹层板复合甲板室,但在第二艘船的建造中也考虑了或许更便宜的拉挤板(LeGault, 2010)。显然,这种选择也是可以接受的,因为它没有大量的加强板间连接操作,但同样达到了接头的必要稳健性和结构可靠性。

通常来说,整体式甲板室也是一种可能的选择,无须所有板间连接,无须增加更多劳动力和额外质量。对于制造中等规模的顶层结构,这似乎是一个可行且具有成本效益的选择。然而,对于“朱姆沃尔特号”驱逐舰巨大的甲板室来说,这种想法并不实际,因为预计整体式结构所需的模具成本过高。

值得注意的是,上述苏联海军对隐身技术的早期开发现已恢复,体现在新的俄罗斯项目 20380/20382、“守卫”/“虎级”2 200/2 250 t(满载排水量)轻型护卫舰上,船体长度为 104.5 m,宽为 11.0 m,吃水为 3.7 m。“守卫”/“虎级”护卫舰由阿玛斯中央海事设计局设计,并在两个著名的俄罗斯造船厂建造,即圣彼得堡的北方造船厂和阿穆尔造船厂,后者位于俄罗斯哈巴罗夫斯克边疆区阿穆尔河畔共青城。该级别的三艘首舰分别于 2007 年 11 月、2011 年 10 月和 2013 年 5 月服役,目前在俄罗斯海军波罗的海舰队服役(Anon, 2014a)。

“守卫级”护卫舰的复合甲板室从舷侧外板延伸到另一侧舷侧外板。它由实心的复合材料组成,并以稀疏的帽形框架和一个纵梁加固。所用材料是结合了玻璃和碳纤维复合材料的阻燃层复合材料层压板。涂在聚合物树脂和涂层上的特殊添加剂提供雷达波吸收能力(DIMMI, 2011)。除了甲板室,该船还配备了支撑船舶主发动机的复合材料框架结构(Bulkin et al., 2013)。

与西方的经验类似,“守卫级”护卫舰的上部结构大大减少了舰艇的雷达反射信号,这得益于所选的船体结构,以及在顶部设计中应用的耐火和吸收雷达信号的 GFRP。在上层建筑中使用复合材料还可以大幅度减小顶部质量,这对船舶的几个关键性能参数是有利的。在该船建造过程中广泛使用了新的技术解决方案,包括 21 项专利和 14 个新的计算机程序(Anon, 2012a)。

复合材料的上层建筑在斯雷登涅夫斯基船厂制造并运送至船舶组装点,如果是北方造船厂便通过涅瓦河运到船舶组装点(Atalex, 2012),如果是建造“守卫”/“虎级”护卫舰的阿穆尔造船厂,则是通过海运的方式运输(Bmpd, 2012)。

克雷洛夫国家科学中心(KSRC)为复合材料上层建筑的工程化提供了理论支持。所涉及的技术问题反映在几篇已发表的论文中(Appolonov et al., 2002, 2006, 2011;Arkhipov et al., 2006;Bulkin et al., 2006;Fedonyuk, 2006;Kudrin et al., 2011)。这些论文基本上解决了复合材料甲板室的新型结构设计和分析的所有重要方面。

特别的是,他们描述了上层建筑结构对船体抗整体弯曲能力的贡献,船体和上层建筑之间的金属-复合材料接头的结构效率,以及对带有复合材料上层建筑的金属船体疲劳性能的评估。

从分析和试验研究中得出的技术原理和新的结构概念被纳入复合上层建筑的设计中。所使用的主要技术解决方案反映在一系列相关的俄罗斯专利中,包括由 Appolonov 等(2006, 2011)撰写的编号为 2318694、2333131、2371348、2402453 和 2429155 的专利。

Bulkin 等(2011)总结了“守卫级”护卫舰的上层建筑运行经验,依据所吸取的经验教训,对该级的第二艘和后续舰艇复合上层建筑设计进行了修订。

由戈尔什科夫海军上将主持落成典礼的新 22350 型隐形护卫舰也配备了坚实的复合材料甲板室(Korablev, 2010)。该新型护卫舰由塞维莫耶设计局设计,并在俄罗斯圣彼得堡的塞维纳亚船厂建造。新护卫舰长 130 m,宽 16 m,吃水 4.5 m,总排水量 4 500 t。该级的首艘护卫舰于 2010 年 10 月 29 日下水,并于 2012 年 11 月在巴伦支海进行了海试。该舰的旗舰计划于 2013 年 11 月服役,之后加入俄罗斯北方舰队的第 14 反潜战旅(Anon, 2014b;Mikhailov, 2012)。

总结海军水面舰艇混合船体概念实施相关的过往经验,可以再次肯定,复合结构已经成为大部分现代军舰金属船体的共同属性。鉴于复合材料的物理和结构特性对海军应用有利的属性,复合材料上层建筑在金属船体中的应用最为广泛。

从本质上讲,复合材料上层建筑使用了两种不同的结构配置,包括用稀疏的帽形框架加固的实心壳结构和夹层结构,主要是轻质芯壳夹层结构。根据之前与全复合材料船舶相关的设计、建造和运行经验,这两种配置都是广为人知的。

> 鉴于复合材料的物理和结构特性有益于海军应用,复合材料上层建筑在金属船体中的应用最为广泛。基本上,复合材料上层建筑只有两种不同的结构配置,要么是实心壳结构,用稀疏的框架加固,要么是夹层结构,主要是轻质芯壳夹层结构。

材料组成是广泛多样的,通常是基于玻璃或碳纤维的玻璃钢或两者组合的热固性复合层压板。聚合物泡沫塑料、轻木和复合泡沫塑料是夹层板和帽形框架所选择的典型核心材料,都是全复合材料船舶夹层结构的常用成分。目前复合上层结构所采用的建造方案多为整体式壳体结构或独立面板的组合体。

事实上,复合上层建筑并没有明确的设计技术方案,而是应根据特定的运行、功能和作战要求,以及依据技术经济基础的制造和/或预算限制,选择最合适和最有利的方案。

2.2 潜艇复合材料舷外结构

潜艇舷外轻型壳体结构,即那些在保持耐压结构内部大气压方面不起作用的结构,是适合使用复合材料的另一个船舶结构主要类型,且使用复合材料很有益处。

> 潜艇舷外轻型壳体结构是另一种适合使用复合材料的主要船体结构。

自20世纪50年代初以来,复合材料一直应用于潜艇外部结构。这个先例是由装配在美国海军“箴鱼级”(USS Haflbeak)战舰上的导流罩顶部结构开创的(Anon, 2013c; Greene, 2006)。后来,复合材料被广泛用于小型潜艇和深潜器(DSV)等轻型船体,大大提高了这些潜水器的性能。苏联865项目——“食人鱼级”/“罗索斯级”小型潜艇,以及1906项目——“波伊斯克-6号”深潜器的外壳是复合材料在这类海军混合结构中的典型应用。

“食人鱼级”是执行特殊任务的小型潜艇,由“孔雀石”海洋机械制造局设计,于20世纪80年代在俄罗斯圣彼得堡的海军部造船厂建造。“食人鱼级”潜艇的排水量只有218 t(水面)和390 t(水下),其长度、宽度和吃水分别为28.2 m、4.8 m、5.1 m,作业深度为240 m,最大深度为300 m(Anon, 2000)。两艘“食人鱼级”潜艇于1988年至1997年间服役(Anon, 2012b)。

“食人鱼级”潜艇的艇体由钛合金制成,配有围住压载舱的GFRP豆形侧板。在结构上,GFRP板仿制了传统的金属类设计,其相对较薄的外壳由横向框架加固。

利用非磁性结构材料,大大降低了这类潜艇的信号特征和对手的磁性异常探测器或磁帽水雷的有效性。关于“食人鱼级”潜艇的船体设计、结构布置和外观的更多细节说明,见参考文献(Anon, 2000, 2010)。

1906项目的“波伊斯克-6号”深潜器,致力于在深达6 000 m的海洋深处为苏联海军进行搜索和探测作业,由“红宝石”海上工程中央设计局和“沃尔纳”设计局(现为“孔雀石”中央船舶设计局)联合设计,并由海军部造船厂于1975年至1979年在俄罗斯圣彼得堡建造。1979年12月,首艘也是唯一一艘“波伊斯克-6号”深潜器下水,并在黑海和太平洋上进行了多次海试,历时数年,直至 1987 年(DIMMI, 2012)。

AGA-7 长 29.0 m,宽 6.5 m,吃水 8.2 m。该艇配备了整个 GFRP 轻型壳体,其中的压载舱内装满了汽油以提供必要的浮力。与“食人鱼级”潜艇类似,AGA-7 的轻型外壳采用了传统的金属类设计,外壳相对较薄,由框架加固。浮出水面的 AGA-7 的外观及其艇体切面皆可在 DIMMI(2012)文献中看到。

从冷战时期开始,西方国家和苏联一直都在倾力寻求如何在大型潜艇的舷外结构中使用复合材料。尽管目标研发工作取得了令人鼓舞的成果,工作人员也获得了良好的设计和建造经验,并且在作战性能方面取得了卓越的成果,但复合材料在该类潜艇上的实际应用仍然不多。

将复合材料结构引入潜艇轻型外壳的规模主要取决于潜艇的结构,其特点是艇体的三种不同配置:单壳体、双壳体和中间型“一个半壳体”结构。

众所周知,美国(以及其他大多数西方国家)的潜艇,包括美国海军最新的现役“弗吉尼亚级”核动力攻击潜艇,主要采用单壳体结构。这意味着只存在一小部分轻型的外部结构,如艇首、艇尾、指挥台围壳(整流罩)和上层建筑(如有),以及各种水动力控制鳍和推进器。外层单壳结构通常包含主压载水舱,为潜艇保持流线型;而轻型外壳以外的耐压壳体即主要圆柱形部分仅有吸音的穿孔橡胶或消声镀层。

与西方的设计相反,双壳体结构在苏联/俄罗斯的潜艇中很常见。这涉及所有四代核潜艇,根据其主要系统采用的技术来区分:核反应堆、机械、武器、声呐和电子设备等(Anon, 2014c; Dronov, 2002),包括代表俄罗斯第四代核弹道导弹潜艇的最新 935/955-“北风之神级”项目(也被称为 Dolgorukiy 级,以首艇名字命名)。

正如在处理复杂的工程系统时常见的那样,每种设计方案都有其优缺点。双壳体结构的优势特征包括:

- 可在耐压壳外安装设备,从而允许缩小耐压壳尺寸,减少潜艇的材料消耗以及建造和维护成本;
- 可以将耐压壳的框架放置在外部,节省耐压壳内部的空间,从而能够进一步缩小耐压壳尺寸,减轻质量;
- 潜艇的轻型外壳吸收了一些冲击能量,增强了潜艇耐压壳的抗损伤稳定性,从而提高了操作安全性,且不影响潜艇的完整性;
- 将轻型外壳与耐压壳分开,可改善内部噪声控制,从而提高隐身性能,简化内部布局和设备配置;
- 可以在轻型外壳的复合材料结构内放置吸音橡胶/消声层,从而提高消声层安装的可靠性,否则可能会带来麻烦(Hooper, 2010)。

双壳体结构的不利方面通常包括潜艇整体尺寸增大,相关的阻力、能耗和目标特征增加。

值得注意的是,尽管俄罗斯设计师在双壳体运行方面有丰富的经验,但他们已经向部分单壳体结构迈出了一步,即一个半壳体设计。具体涉及 885 项目的潜艇,包括建造“亚森/格拉尼级(塞维罗文斯克)”核动力多用途攻击潜艇,该潜艇与“北风之神级”潜艇都是最新型第四代俄罗斯潜艇的体现,除了通常为单体结构固有的轻型部件外,还有一个延伸的艇首部分和中央舱室后面的外侧结构,包括一个带有巡航导弹垂直发射管的模块。参见“亚森/格拉尼级”潜艇的俯视图,该图显示了其结构布置(Anon, 未注明日期)。

当俄罗斯转向单壳体设计时，美国设计师正在考虑为未来的潜艇转变到双壳体方案，以提高其有效载荷能力、隐身性能和航程（Anon，2014c）。上述转变完美地说明了像潜艇这样的复杂工程系统，为适应给定的设计和操作要求，其设计概念可变性之大。最终选择的是以最有效和最经济的方式满足既定要求的可行技术方案。

从本质上讲，任何潜艇，无论其具体用途和尺寸如何，其外部结构都可由复合材料制成，但不包括艇体龙骨，因为这对于大型潜艇来说通常是不切实际的，不值得去做。除了必要的艏部声呐罩外，复合材料可应用的目标区域包括顶部结构、指挥台围壳、外部压载舱、声呐、鳍、推进器和艉部整流器的基础部件，以及各种发射管的舱门。

> 本质上，任何潜艇，无论其具体用途和尺寸如何，其外部结构都可由复合材料制成，但不包括大型潜艇的艇体龙骨，因为在龙骨上应用复合材料是不现实的、无价值的。

如上所述，除了与水面舰艇类似的优点外，潜艇上应用复合材料能够提高声呐效率，避免与非圆形结构（如鳍和舱口盖）有关的复杂消磁程序，并简化纵倾平衡和压载操作。这些特征相结合，能够明显增强潜艇的结构、隐身和整体作战性能。

当然，潜艇轻型外壳的复合材料结构部件必须足够坚固，以便在指定的使用期限内承受相关的操作风险。像任何船体结构一样，潜艇舷外结构承受各种操作负荷，以及水面舰艇和潜艇的常见载荷，构成了与浮出水面操作有关的潜艇相关载荷。这些因素包括：

· 压载舱的吹除；

· 从冰下浮出水面，主要对潜艇的指挥台围壳结构构成威胁；

· 由于进水紧急上浮水面，同时艇首外壳发生悬臂弯曲。

“伯明翰号”（SSN-695）的标志性照片完全说明了这种载荷情况。“伯明翰号”是“洛杉矶级”潜艇，在海试期间进行了紧急上浮演示（Anon，1978）。

所有与上述水面舰艇有关的结构设计趋势也适用于潜艇舷外结构，但不包括那些利用相对较软的芯（聚合物泡沫或轻木）与夹层板和帽形框架结合的结构。

轻型外壳的复合材料部件可由加筋或不加筋的结构组成，其上可以添加表皮层压板，并具有不同的材料层，使轻外壳具备多功能性。

所指定的功能，以及常规的结构和表面处理能力，通常包括吸音/消声和隔热，以及为顶部结构提供额外的浮力。例如，添加弹性/橡胶层的复合材料层压板，以提供必要的结构性能，同时吸收结构和水的振动引起的噪声辐射。

古德里奇公司在其位于佛罗里达州杰克逊维尔的工程聚合物产品工厂，为“弗吉尼亚级”115 m长的核动力快速攻击潜艇生产的复合艇首声呐罩（Anon，2014d）和填角（Anon，2012c），体现了坚固的未加筋壳体设计。声呐罩是一个基于流体力学原理设计的、形状优化的复合材料结构，重达22 148 kg、长6.4 m、直径7.9 m（固定端），用于容纳并保护声呐传感器球体，以及复合拖曳阵列整流罩、高频声呐围壳阵列和吊架整流罩（Anon，2014d；Gardiner，2012）。厚实的单件式橡胶套黏合于声呐罩上，以增强声学性能。橡胶材料固有的最小声能吸收和反射特性增强了潜艇的探测能力。古德里奇公司的艇首声呐罩可见于文献Anon（2014d），这种结构已准备运输并安装在“弗吉尼亚级”潜艇上。

古德里奇公司的复合材料填角是一个单件的复合整流罩，要连接到艇体和潜艇艉鳍的下前缘（艇体顶部的垂直鳍）。这种轻型结构的复杂双曲线形状使水在其表面平滑地层流，从而改善潜艇的水动力学性能（Anon，2012c）。

原先的填角由许多带加强筋的钢制部件制成，用焊接装配在一起，然后用合成泡沫塑料填充以抑制腐蚀，最后焊接到指挥台围壳和艇体结构上。由于填角是复杂双曲面的，将填角安装到船体上需要大量零件，这种方法耗费了大量材料和人力。钢制尖顶是焊接在一起的，所以不容易拆卸维修。而复合材料填角是一种耐腐蚀、复合填充的结构，内外复合材料表皮用螺栓固定在指挥台围壳和船体上。据报道，与钢制版本相比，填角的质量轻了 2 268 kg，制造成本低了 15 万美元，而且每次定期维护大约可节省 20 000 美元（Gardiner, 2012）。

根据 Gardiner（2012）的介绍，位于康涅狄格州格罗顿的通用动力电船公司正在研究复合材料在美国海军潜艇中能发挥什么作用，美国海军即将用 12 艘长 170.7 m、直径 13.1 m 的新艇替代 14 艘老旧的“俄亥俄级”弹道导弹潜艇，目标是在 2019 年建造首艇（Anon, 2014e）。鉴于“弗吉尼亚级”在非加筋实心壳体复合材料结构方面是成功的，这可能对实现近期宣布的降低俄亥俄级替代艇 849 亿的成本目标非常重要。

早期的苏联经验是在声呐罩以外区域的潜艇轻型外壳中采用加筋板，加筋板是一种用于采矿业的常规管状板。复合材料管状板将轻型外壳的实心层压板与 I 型框架结合在一起，从而消除了加筋壳体面板制造通常需要的大量 T 型连接操作。

小型“食人鱼级”潜艇和“波伊斯克-6 号”深潜器都配备了由管状板组成的轻型外壳。另外，苏联 627 型“鲸级”/“十一月级”潜艇代表了苏联第一代核动力攻击潜艇，建于 1957 年至 1963 年，服役于 1958 年至 1991 年（Anon, 2013d），配备了这种复合材料管状轻型外壳结构。

两块位于耐压壳顶部的复合材料上层建筑板，以及八块模拟侧板（潜艇两侧各四块）形成了压载舱，取代了传统的金属板。所安装的复合材料板共同构成了潜艇轻型外壳的主要部分。

所有的复合材料板都配备了金属裙板，使用胶螺混合接头，通过传统的金属-金属焊接连接到相邻的金属外壳上。另外，复合材料板的框架通过均匀设置的 L 型金属支架与金属耐压壳的外环框架相连，这些金属支架用螺栓固定在复合材料框架上并与金属框架焊接。

与第一艘反水雷舰“热尼亚号”和“叶夫根尼亚号”的船体类似，使用了海洋级的 GFRP 成分，由聚酯树脂（PN-609-21M）与玻璃纤维缎面织物（T-11-GVS-9）加固组成，且主要使用了对称和平衡的纤维铺层（0°/45°/-45°）。

总的来说，这可以说是一次成功的、几乎没有瑕疵的经历，除了在 1973 年潜艇计划入坞时的艇体检查中发现一侧复合材料板的意外损坏外。其中，一个管状框架有一处大约 0.5 m 长的破裂，复合材料板的两个相邻金属支架也发生屈曲。据推测，损坏是由不适当的系泊操作造成的。GFRP 外壳本身没有受到任何明显的损坏，也没有失去水密性，只是由于屈曲的金属支架的残余变形而稍微向内偏斜。损坏已及时修复，也没有关于该潜艇轻型外壳复合材料板服役性能的其他损伤和/或故障报告。

为此，可以合理假设，轻型外壳能够保持完整性是由于所使用 GFRP 的弹性模量相对较低。在同样的事故中，传统的钢质壳体可能会出现破损或显著的塑性变形，威胁到潜艇的运行安全。

为了解决与系泊有关的碰撞问题，有研究者提出了一种新型复合材料轻型外壳的配置，其本质是一个嵌入吃水线区域轻型外壳复合材料侧板中的护舷装置。

其他潜艇舷外结构的复合材料应用也基本上取得了积极的成果，比如西方一些国家和苏联的几类潜艇中安装了多个复合材料艇首声呐罩和指挥台围壳结构。

潜艇偶尔发生的事故，特别是涉及艇首声呐罩的事故，一般与失事结构的材料无关。2005 年发生的涉及美国海军“洛杉矶级”潜艇“旧金山号”的事件，是在以超过 33 kn 的速度航行时，撞上了关岛以南 360 mi(1 mi = 1. 609 km)处的一座海山，实属令人遗憾(Anon, 2005; Mount, 2005)。

关于复合材料在声呐罩之外的潜艇舷外结构上的应用前景，至少应寻求三个目标。一个是在耐压壳和轻外壳之间引入吸振结构连接器，以及复合材料壳体的常规特种涂料和吸声层，从而降低双壳体潜艇的声学特征。

第二个是复合材料层压板与复合泡沫结合体的改编版，可以是准三明治夹层(关于水面舰艇的讨论，见第 1.4 节)；也可以是用层状复合材料层包裹的均匀复合泡沫块，形成结构的表皮；或非均匀纤维增强复合泡沫块。这种材料组合体特别适用于潜艇的鳍、舱口盖、指挥台围壳和上层建筑；其主要优点是有望提高结构性能，同时提供额外的顶部结构浮力，有利于纵倾平衡和压载操作。

第三个是复合材料用于潜艇轻型外壳部件的新类别，如艏部声呐的支撑结构，在保证结构鲁棒性的同时，可能需要将声呐与艇体进行声学分离，以达到适当的声呐有效性。

所有这些预期目标似乎都可以通过应用结构性复合材料来实现，这些复合材料被证明能够为潜艇长期运行提供必要的鲁棒性和服役性能，有利于作战效率的提高。总的来说，将复合材料运用于潜艇舷外结构，能够显著改善潜艇的结构、隐身和作战性能。

将复合材料用于舷外结构使潜艇的结构、隐身和作战性能得到显著改善。

在轻型外壳结构中长期使用复合材料积累的成功经验，有力地验证了这一乐观预期。

参考文献

Anon, 1978. Birmingham (SSN-695), NavSource Online: Submarine Photo Archive. Available from http://www. navsource. org/archives/08/08695. htm.

Anon, 2000. Project 865 Piranya Losos Class. Federation of American Scientists, September 17. Available from http://www. fas. org/man/dod-101/sys/ship/row/rus/865. htm.

Anon, 2005. USS San Francisco Investigation Completed. Story Number: NNS050509 - 14, America's Navy, May 9. Available from http://www. navy. mil/submit/display. asp? story_id=18257.

Anon, 2010. Project 865 “Piranha” (NATO-“Losos”), Deep Storm (Проект 865 “Пиранъя”). Available from http://www. deepstorm. ru/.

Anon, 2012a. Russian Navy to Receive Corvette Boiky by Year End. RusNavy. com, 16 November. Available from http://rusnavy. com/news/navy/index. php? ELEMENT_ID=16470.

Anon, 2012b. Russian Navy, Submarine Piranha (Project 865) (Военно-Морской Флот России, Подводная лодка Пиранья (Проект 865)). Available from www. navy. su/navyfrog/sub/piranya/index. html.

Anon, 2012c. Goodrich Delivers First Composite Sail Cusp for Virginia Class Submarine. Reinforced Plasics. com, News, June 12. Available from http://www. reinforcedplastics.

com/view/26255/goodrich-delivers-first-composite-sail-cusp-for-virginia-class-submarine/.

Anon, 2013a. USS Arthur W. Radford (DD-968), October 22. Available from http://en.wikipedia.org/wiki/USS_Arthur_W_Radford_(DD-968).

Anon, 2013b. San Antonio Class-Amphibious Transport Dock. Available from http://www.military-today.com/navy/san_antonio_class.htm.

Anon, 2013c. USS Halfbeak (SS-352), Wikipedia. Available from http://en.wikipedia.org/wiki/USS_Halfbeak_(SS-352).

Anon, 2013d. November Class Submarine, Wikipedia. Available from http://en.wikipedia.org/wiki/November_class_submarine.

Anon, 2014a. Steregushchy-Class Corvette, Wikipedia. Available from http://en.wikipedia.org/wiki/Steregushchy-class_corvette.

Anon, 2014b. Admiral Gorshkov-Class Frigate, Wikipedia. Available from http://en.wikipedia.org/wiki/Admiral_Gorshkov-class_frigate.

Anon, 2014c. Submarine, Wikipedia. Available from http://en.wikipedia.org/wiki/Submarine.

Anon, 2014d. Marine Composite Structures, Products, UTC Aerospace Systems. Available from http://utcaerospacesystems.com/cap/products/Pages/marine-composite-structures.aspx.

Anon, 2014e. Ohio Replacement Submarine. Available from http://en.wikipedia.org/wiki/Ohio_Replacement_Submarine.

Anon, 2014f. USS Zumwalt (DDG 1000) Guided Missile Destroyer Is State-of-the Art, Engineered Syntactic Systems. Available from http://www.esyntactic.com/applications/uss-zumwalt/.

Anon, n. d. Project 885 Yasen - Multipurpose Nuclear Submarine with Cruise Missiles Severodvinsk (Проект 885. Ясень - Многоцелевая Атомная Подводная Подка с Крылатьми Ракетами Северодвинск). Available from army. lv/ru/proekt-885/709/759.

Appolonov, E. M., Kudrin, M. A., Maslich, E. A., Shaposhnikov, V. M., 2002. Fatigue strength estimation of a ship hull with a developed PMC superstructure. In: Proceedings of the Scientific Conference on Strength of Ships Devoted to the Memory of Professor P. F. Papkovich, SPb, November 25-26. (Оценка Усталостной Прочности Судового Корпуса с Развитой Надстройкой из Полимерного Композиционного Материала).

Appolonov, E. M., Kudrin, M. A., Maslich. E. A., Nikolaev, L. S., Fedonyuk, N. N., 2006. A development of design and strength research of a joint of composite superstructure with metal hull. Strength & Design of Surface Ships of PMC, Works of KSRC 27(311), 71-84. (Разработка Конструкции и Исследование Прочности Узла Соедииения Надстройки из Полимерных Композиционных Материалов С Металлическим Корпусом).

Appolonov, E. M., Kudrin, M. A., Maslich, E. A., Fedonyuk, N. N., Shaposhnikov, V. M., 2011. Increase of fatigue strength and watertightness of long superstructures of naval vessels with application of expandable composite joints. In: The 6th International Conference "Navy & Shipbuilding Nowadays". NSN' 2011 Strength Problems of Surface Vessels Submarines, July 1, Russia, SPb. (Повышение Усталостной Прочности и Герметичности Длинных Надстроек Надводных Кораблей на Основе Применения Конструкций Расширительных Соединений из Полимерных Композиционных Материалов).

Arkhipov, A. V., Bulkin, V. A., Lazarev, A. M., Ogloblin, Y. F., 2006. Application of PMC for naval surface vessels (effectiveness and perspectives). Strength & Design of Surface Ships of PMC, Works of KSRC 27 (311), 6-22. (Применение Полимерных Композиционных Материалов в Надводном Кораблестроении - Эффек - тивность и Перспективы).

Atalex, 2012. Forum militaryrussia. ru, Domestic military equipment (after 1945), Februray. (буксировка надстройки очередного корвета типа "Стерегущий" к месту достройки). Available from http://militaryrussia. ru/forum/viewtopic. php? p=75920.

Bmpd, 2012. Superstructure for Corvette Sovershenniyis Delivered to Komsomolsk-on-Amur, Blog, Center of Strategies and Technologies Analysis, October 12 (Надстройка для Корвета "Совершенный" Доставлена в Комсомольск-оп-Амуре). Available from, http://bmpd. livejournal. com/353558. html? thread=7456022.

Bulkin, V. A., Kozlov, C. D., Lebedeva, G. N., Ryzhkin, A. E., Fedonyuk, N. N., 2006. Design & strength of superstructure of PMC. Works of KSRC 1(27(311)), 23-43. Russia, SPb (Конструкция и Прочность Надстройки из Полимерных Композиционных Материалов).

Bulkin. V. A., Golubev, K. G., Fedonyuk, N. N., 2011. Experience in operating the superstructure made of polymer composite materials on "Corvettes" class ships. Works of KSRC 1 (58 (342)), 127-136, Russia, SPb (Анализ Строительства и Опыта Экспуатации Надстройки из Полимерных Композиционных Материалов на Корабле Класса Корвет).

Bulkin, V. A., Fedonyuk, N. N., Shlyahtenko, A. V., 2013. Application of perspective composite materials in surface shipbuilding. Morskoy Vestnik 1(45), 7-8. (Применеие Перспективеых Композиционных Материалв в Надводном Судостроении).

Chatterton, P. A., Paquette, R. G., 1994. The sea shadow. May, Naval Engineers journal 1-16. Available from, http://www. hnsa. org/seashadow/doc/seashadowASNE. pdf.

DIMMI, 2011. Pr. 20380-Steregushchy, Military Russia. Available from http://militaryrussia. ru/ blog/topic-450. html.

DIMMI, 2012. Pr. 1906 Search-6-Submersible (пр. 1906 Поиск-6). Available from http:// militaryrussia. ru/blog/topic-552. html.

Dronov, B. F., 2002. Trends in development of submarine architecture. Military Technical Almanac "Typhoon", 2(42)(Тенденции Развития Архитектуры Подводных Подок). Available from http://flot. com/science/hull/subsarchitecturetrends/.

FAS, 2011. LPD-17 San Antonio Class (formerly LX Class). Available from http://www. fas.

org/programs/ssp/man/uswpns/navy/amphibious/lpd17. html.

Fedonyuk, N. N., 2006. Determination of effective characteristics of structural orthotropic middle layer of three - layer panels of the superstructure. Works of KSRC 27 (311), 44 - 77 (Определение Эффективных Характеристик Конструктивно - Орто - тропного Среднего Слоя Трехслойных Панелей Надстройки и Выбор Его Рациональной Структуры).

Gardiner, G., 2012. Composite solutions: cutting cost of nuclear-powered subs. Composites Technology, February 1. Available from www. compositesworld. com/articles/composite-solutions-cutting-cost-of-nuclear-powered-subs.

Greene, E., 1999. Marine Composites, second ed. Eric Greene Associates, InC., Annapolis, MD. 377pp. Available from http://ericgreeneassociates. com/images/MARINE_COMPOSITES. pdf.

Greene, E., 2006. The history of submarine composites. May, Composites Manufacturing, 20-26.

Hackett, J. P., 2011. Composites road to the fleet-a collaborative success story. Special Report 306: Naval Engineering in the 21st Century. The Science and Technology Foundation for Future Naval Fleets, Northrop Grumman Shipbuilding - Gulf Coast 36pp. Available from http://onlinepubs. trb. org/onlinepubs/nec/61810Hackett. pdf.

Hooper, C., 2010. Virginia class: when does hull coating separation endanger the boat? Next Navy. Available from nextnavy. com/virginia-class-when-does-hull-coating-separation-endanger-the-boat/.

Korablev, D., 2010. Project 22350. Stealth Machinery. Reality & Prospects (Проект 22350). Available from http://paralay. net/22350. html.

Kudrin, M. A., Maslich, E. A., Shaposhnikov, V. M., 2011. Assessment of stress-strain state of long composite superstructures. Works of KSRC 1 (58(342)), 55-58, Russia, SPb, KSRC [in Russian].

Lackey, E., Hutchcraft, E., Vaughan, J., Averill, R., 2006. Zapped electromagnetic radiation and polymeric composites. Composites Manufacturing, May, 7pp.

Le Lan, J. Y., Livory, P., Parneix, P., 1992. Steel/composite bonding principle used in the connection of composite superstructures to a metal hull. In: Proceedings of SAND-WICH2, Gainesville, Florida. USA.

LeGault, M. R., 2010. DDG-1000 Zumwalt: Stealth Warship-U. S. navy navigates radar transparency, cost and weight challenges with composite superstructure design. Composites Technology. February. Available from http://www. compositesworld. com/articles/ddg-1000-zumwalt-stealth-warship.

Levy, G., 2013. Zumwalt-Class Destroyer Visited by Sec. Hagel, UPI BLOG, November 25. Available from http://www. upi. com/blog/2013/11/25/Zumwalt-class-destroyer-visited-by-Sec-Hagel/4321385389989/.

Lundquist, E., 2012. US Navy: DDG 1000's composite deckhouse milestone. Maritime Reporter & Engineering News 26-28, January.

Mikhailov, A., 2012. Russian Navy receives carbon fiber Stealth ship. Izvestia, Russia,

October 9.

Morylyak, A. V., 2009. Stealth-Technology in Shipbuilding, November 30(Стелстехнологии в Судостроении). Available from www. propulsionplant. ru/content/21/stati/stati-studentov/stels-tehnologii-V-sudostroenii. html.

Mount, M., 2005. Official: U. S. Submarine Hit Undersea Mountain, U. S., CNN. com, January 11. Available from http://www. cnn. com/2005/US/01/10/nuclear. submarine. update/.

Mouritz, A. P., Gellert, E., Burchill, P., Challis, K., 2001. Review of advanced composite structures for naval ships and submarines. Composite Structures 53(1), 21-42.

Nye, J., 2012. Declassified $170 million Cold War Stealth boat called the Sea Shadow is snapped up for $2. 5 million... but you can't take it for a spin round the bay. Mail Online, August 9. Available from, http://www. dailymail. co. uk/news/article-2185831/Declassified-170million-Cold-War-Stealth-boat-snapped-2-5million-condition-scrap-parts. html.

第 3 章　材料过渡结构

3.1　合理设计的先决条件

混合结构系统的关键应用，其一是与混合式船体应用相关的材料过渡结构，可大大减轻质量、降低成本；其次是复合材料和金属结构部件的混合连接。如前所述，混合式船体能够显著改进金属战舰的关键性能参数，包括减轻质量、提高速度、增加航程，并且具有卓越的特征控制能力。除了功能、操作和战斗方面的优势外，混合结构还大大降低了建造、操作和维护方面的成本，以及船舶总拥有成本。

为了具有这些技术和成本优势，材料过渡结构必须满足许多性能要求（基本与金属或复合材料的常规单一材料结构的要求相同），并在某种程度上高于这些要求。主要要求是：

· 具备足够的结构鲁棒性，以承受船舶日常运行和作战行动中接触的各种力和环境；

· 整个结构系统具备结构完整性；

· 长期承载能力符合或超过船体指定的使用年限，确保材料过渡区的结构优势，防止其失效；

· 水密性和耐腐蚀性；

· 标准的可维护性和可修复性；

· 制造成本与单一材料结构相当。

与复合材料-复合材料接头类似，混合接头通常与接头内不连续的纤维增强材料相关联；接头结构的几何形状不均匀，或所用材料性能的突然改变会导致应力集中，如果有二次（固化后）黏接，则会降低材料性能。

这些不利的特性极大地复杂化了对结构接头鲁棒性和效率的要求。此外，由于其不同部件具有不同的机械和热性能，混合接头直接承受作业力，经受作业环境压力，这些组件之间的内部热-机械相互作用可能会大大改变接头的应力状态，并影响其长期的结构性能。这是特别要注意的，因为接头部件的热膨胀系数（CTE）是显著不同的。由此，在标准环境条件下，在接头中引起的应力可能明显偏离其正常状态。

此外，金属与复合材料部件固有的疲劳特性差异也可能显著影响混合接头的长期性能。尤其可能导致在联合服役期间造成疲劳失效的临界应力区域的可能迁移。

另一方面，通过提供一些额外的安全裕度，可以合理地利用将作业载荷从弱化部件传递到另一个该载荷下保持完整部件的能力，这有助于防止接头的突然失效。

为了满足结构性能的强制要求，并减轻混合接头固有的某些不利特征的影响，可以并且应该采用组合的设计和分析措施。

为了满足对结构性能的苛刻要求，并减轻混合接头固有的某些不利特征的影响，可以而且应该采用组合的设计和分析措施。

要消除混合接头结构性能可能存在的不利影响，有两种常规方法：增加复合材料与金

属交界面的接合面积,以及横向加强,例如通过机械紧固接合。

进行应力-应变状态分析时,不仅要考虑到所使用不同材料的不同力学性能,还要考虑到它们在混合结构运行过程中由于温度变化而产生的力的相互作用。可能需要修改常用数学模型,以解决混合体在长期受力环境下不同的结构行为。下文讨论了分析模型的相关设计原理和需要改进的地方。

3.2 现有混合连接技术的基准测试

几十年来,造船业一直致力于重载混合接头的设计和制造。这些接头涉及混合式船体结构的组装,如第2章所述内容,或在全复合材料船的复合材料结构上安装金属硬件。迄今为止,人们已经设想了各种各样的混合连接方案,其中许多方案在Messier(2004)文献中得到了系统的研究。

尽管现有的混合接头非常多,但就船体的长期重载应用而言,只有少数类型的混合接头适合,并能够满足接头生产性、可操作性和承载能力方面的高标准。

所涉及的方法主要是普通螺栓连接或胶螺混合连接技术。对于在船舶上的应用,也可以考虑传统的普通胶黏剂。但是由于它容易突然失效,应变-失效比低,吸收冲击能量的能力不足,这种方案的应用有限,主要用于轻载或辅助结构。

另一方面,由于需要复杂的钻孔和螺栓螺母连接操作,现有的螺栓连接和胶螺混合连接比普通连接更耗力、更昂贵。

3.2.1 普通胶接

用普通黏合剂进行黏接是最简单的混合连接方案,其主要处理步骤包括:对两个金属和复合材料黏附物进行表面处理;在这些黏附物之间放置黏合剂;固化黏合剂以产生黏接膜。所涉及的接头类型在复合和混合结构(包括辅助船舶结构)中具有悠久的发展和应用历史。

早期关于复合材料黏合的大多数工作是在20世纪70年代和80年代初完成的。此后,相继开展了大量旨在提高设计水平和改进材料处理技术的研究。改进的分析模型和数值方法得到了发展和广泛应用。

Matthews等(1982)及Banea等(2009)对现今黏接接头相关的应力-应变分析及可维修性评估的设计、处理和分析方法进行了综述。最近,来自7个欧洲国家的13家合作伙伴(包括英国Vesper Thornycroft——世界领先的专门建造复合材料船的造船厂),完成了一个全面的称为"胶黏船舶"(BONDSHIP)的研发项目(Weitzenböck et al., 2005),该项目旨在为船舶结构的胶接提供系统的方法论基础。挪威船级社(DNV)负责该项目的协调工作,主要目标是通过在生产高速船和客船方面节省大量成本,使欧洲造船厂更具竞争力。这项工作的重点是轻质材料的铝-铝/钢和铝-复合材料黏接接头,以实现经济高效的船舶生产。其研究指南(Weitzenbock et al., 2005)总结了BONDSHIP项目的结果,以及设计、建造、检查和维修船舶黏接接头所需的步骤。

有几个因素制约着普通胶黏剂在各种力-环境下的结构性能,主要包括黏附物的表面处理、接头部件的形状、所用材料的特性以及黏接/PMC处理。

在金属黏附物与复合材料固结之前,其表面处理通常包括网格/喷砂、研磨/溶剂清洗和底漆。如果操作得当,这些流程有助于在金属和复合材料之间牢固地黏接。

在金属黏附物与复合材料固结之前,对其进行适当的表面处理是使金属和复合材料之间的黏合剂达到所需坚固程度的主要因素。

这伴随着附着物表面原子和构成黏合剂的化合物之间的表面能增加和化学键的形成——主要是共价键(但也可能存在一些离子和静态吸引键)(Baldan, 2004)。

单搭接、复合材料双搭接和金属双搭接,这三种常规构型的黏接混合接头,体现了适用于船体应用的常用连接方案。图 3.1 给出了这三种传统设计方案的示意图。

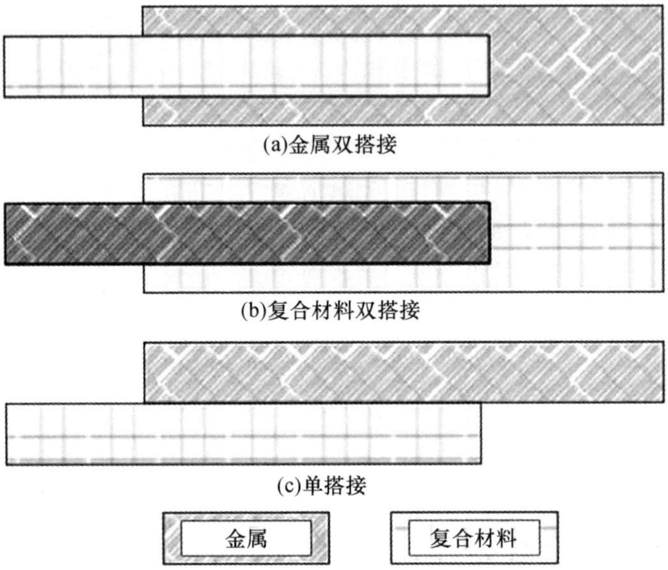

图 3.1　三种主要的黏接混合接头构型示意图

注:改编自 Dance 等(2010)。

请注意,示意图并不反映黏附物的实际形状。实际上,实际形状通常是锥形的,以尽量减少材料的消耗,并将几何上的不规则部分进行了平滑处理,从而减少接头结构上的应力集中,得到流线型的船体轮廓。

对于结构设计来说,每个方案都有其利弊。具体而言,金属双搭接(图 3.1(a))接头在横向弯曲和横向冲击方面的结构性能优于其他搭接,这两种结构性能都是船舶运行主要载荷工况的典型特征。这种接头配置的缺点是基础金属材料船体的制造程序和装配相对复杂。

复合材料双搭接(图 3.1 (b))接头的可制造性和组装性都比金属双搭接要好,但在横向弯曲和横向冲击下的承载能力方面明显要差一些。

单搭接(图 3.1(c))接头由于黏接面积小得多,而且载荷通道不对称,所以比相同尺寸的双搭接方案要弱得多,不过接头的生产和装配比其他方案要简单得多。

沿黏接接头的材料过渡区应力分布是非常不均匀的,最大的应力在搭接端,而中间的应力则低得多。Volkersen(1938)的经典微分解方案是基于黏合剂黏合膜仅在剪切中变形,但黏附物可以在拉伸中变形的假设,其很大程度上反映了沿黏合线应力分布的典型特征。

关于对称的双搭接接头构型,黏合膜内的剪切应力是指无量纲应力,即平均黏合剪切应力(F/b_a),在 Volkersen 的数学模型中表示为

$$\tilde{\tau}_a = \frac{\omega}{2}\left[\frac{\cosh(\omega\tilde{x})}{\sinh\left(\frac{\omega}{2}\right)} + \frac{2t_p - t\sinh(\omega\tilde{x})}{2t_p - t\cosh\left(\frac{\omega}{2}\right)}\right],\ -0.5 \leqslant \tilde{x} \leqslant 0.5 \tag{3.1}$$

式中

$$\omega = b_a\sqrt{\left(1 + 2\frac{t_p}{t}\right)\frac{bG_a}{Et_pt_a}} \tag{3.2}$$

式中,b_a 是黏合剂的黏合程度;t、t_p 和 t_a 分别是内层(搭接)和外层黏附物以及胶膜的厚度值;E 是内层黏附物的杨氏模量;G_a 是胶膜的剪切模量;$\tilde{x}$ 是距离重叠范围中心的相对距离。

图 3.2 显示了沿金属双搭接接头结合线的广义剪切应力分布,表示了材料过渡区两端的峰值应力,该峰值应力决定了节点的承载能力。

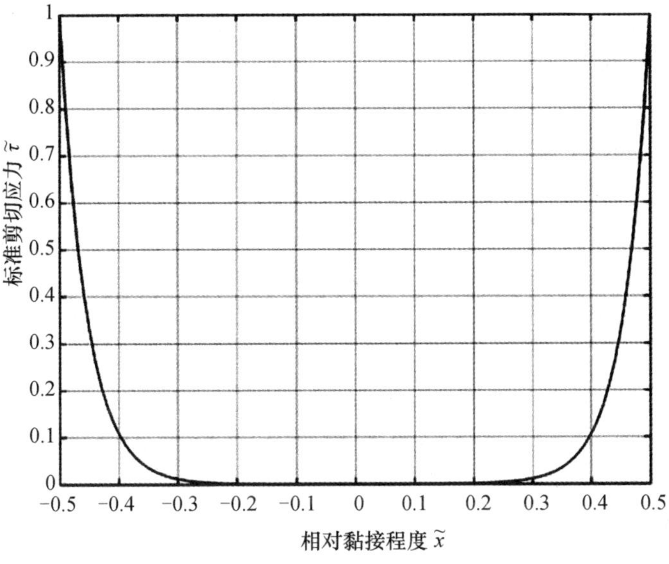

图 3.2 沿黏合线的剪切应力分布

应该认识到,虽然 Volkersen 的简化方案理论上是正确的,但并不反映实际的接头设计或具体加载条件,这些条件可能会明显影响实际接头中的应力状态。根据接头的实际形状,接头内材料性能会适当改变,以及从搭接区挤出的过量黏合剂形成的渗出物,可以大大降低接头内的应力不平衡,从而提高其承载能力。

为了建立能够准确评估黏接接头应力状态的数学模型,人们进行了大量的研究。此处给出的参考文献(Goland et al., 1944;Renton et al., 1975;Allman et al., 1977;Adams et al., 1997;Weitzenböck et al., 2005;Gustafson et al., 2006)代表了许多致力于分析黏接接头内应力状态的工作。这是在考虑接头实际几何形状的情况下完成的,是对沿接合线的应力分布和最终对接头承载能力影响最大的因素之一。迄今为止的结果清晰表明,选择适当的构型可以显著减小接头端部的峰值应力。一些应力,如横向张力和层间剪切力,会导致剥

离和分裂,这是混合接头的典型破坏模式,这些应力可以并且应该最小化,而其他应力如承载应力,可以安全地最大化。

选择适当的构型可以有助于显著减小接头端部的峰值应力;一些应力,如横向张力和层间剪切力,会导致剥离和分裂,这是混合接头的典型破坏模式,可以并且应该最小化,而其他应力如承载应力,可以安全地最大化。

有两种主要的材料加工方式供选择以形成黏合。一种是与未固化 PMC 黏附物的处理及其与金属对应物的固结同时进行;另一种是将固化后的 PMC 黏附物与金属进行二次黏合。第一种,共固化,在接头结构性能方面是一个优越的选择,这与非均质部件的完整性和所获得强度参数相对较低的散射范围有关。第二种处理方案通常比第一种处理方案更易于组装,但就接头结构性能而言较差。

产生这种区别的主要原因是大型金属和复合结构部件之间的装配问题,这些部件与黏合膜的厚度变化程度有关。在第一种方案中,由于正在处理的未固化复合材料与金属附着物的实际形状完全吻合,装配问题自然得到了解决。另一方面,二次黏合会导致胶膜的厚度变化很大,这明显降低了接头的性能。

胶膜厚度变化的影响主要表现在两个方面。一方面是直接的,如式(3.1)~式(3.2)所示。另一方面表现在黏接膜的有效力学性能上,其随着厚度的增加而受损。普通黏合的另一个有害特征加剧了这些不利影响。由于没有限位器,例如用于组合接头的紧固件,因此脱粘裂纹有持续扩展的趋势。

总而言之,尽管采用了精确的理想数学模型来描述接头内的应力分布,但上述的特殊性给普通胶黏剂承载能力的量化带来了很大的不确定性。这反过来又要求增加安全系数,最终导致接头本身和整个混合结构的结构效率降低。

尽管在装配操作、节约质量与成本方面或许有很大的优势,但基于上述的不利特征,最终排除了在船舶重载应用中使用普通黏合接头(特别是二次黏合方案)。

在海军混合式船体结构中使用普通胶接的一个罕见例子,是在“拉法耶”(La Fayette)级护卫舰金属甲板上的 GFRP 甲板室和甲板结构(Le Lan et al., 1992;Greene, 1999)使用了该方式。

Boyd 等(2004)根据“拉法耶级”护卫舰的应用案例,对黏合复合材料双搭接接头的结构完整性进行了研究,报告了从普通黏合接头的静态和疲劳试验中获得的试验数据。接头试样包括:主甲板室结构的规则夹芯板的一部分,有 4 mm 厚 GFRP 皮层;夹层板的锥形部分,有收缩的 GFRP 皮层;材料过渡的 240 mm 范围,即黏合区域(在此 GFRP 皮层与金属中间板重叠);以及材料过渡区之外只有金属板的区域。

GFRP 皮层主要由乙烯基酯树脂(Dow Derakane 411-C50)构成,用 3×1 斜纹编织 780 g/m^2 E 级玻璃方格布(Chomarat 800S4)加固。夹层芯由 150 kg/m^3 的轻木(Baltek AAL600-10 Contourcore)组成。金属板由 6 mm 厚的低碳钢(D55)制成。

正如 Boyd 等(2004)在文献中所述,100 mm 宽的接头测试试样经受压缩载荷至破坏,导致极限静态压缩载荷为 108 kN,或接缝范围的线性极限载荷为 1 080 kN/m(沿试样宽度)。

虽然报告的试验数据为这种混合接头在压缩载荷下的承载能力提供了有价值的信息,但平面内的拉伸载荷模式似乎是与战舰作战中的接头行为相关的临界载荷工况。在某种程度上,这是由于平面内张力载荷与复合材料重叠部分的横向张力和它们从金属板上撕裂有关,这与层状剪切力一起作用,导致在接头的界面处脱粘,或复合材料部件分层,这些都影响混合接头的性能。相比之下,复合材料的重叠部分在平面内压缩下没有经历横向张力。在材料转变区内,平面内压缩诱导横向承载,这是层状 PMC 可承受的最大应力分量。

为了评估平面内拉伸载荷下普通黏接的鲁棒性,我们通过施加能够分离接头部件的张力来测试金属双搭接混合接头(Shkolnikov et al. , 2009)。接头试样在(1 944±35) kN/m 的接头静力作用下失效。被测接头的极限状态与黏合和内聚失效模式的联合作用有关,换句话说,与黏合膜-黏附物接合处的破坏以及黏合膜本身的失效都有关。这证明在黏合黏附物之前,必须对黏附物的接触面进行适当处理。第 4 章将对所进行的测试进行更详细的描述,并对试验数据进行总结。

Wright 等(2000)研究了在大型钢质船舶中用于辅助复合材料结构部件的黏接钢-复合材料接头的结构特性,给出的试验数据以及计算机模拟结果证明了黏接接头的可行性,并为普通黏接接头在钢质船舶轻型双层复合夹层板中的应用提供了有用信息。

3.2.2 螺栓接头

传统类型的紧固(螺栓)接头通常是重载应用的首选,因为其具有卓越的承载能力,接头结构性能也具有良好的可预测性和可控性。此外,确定螺栓接头设计参数的方法已经非常成熟,并最大限度地减少了混合接头服役性能评估中潜在的不确定性。

普通螺栓连接是在军舰、水面舰船和潜艇的金属船体上安装复合材料结构部件时所采用的基本连接方案。文献 Anon(2012, 2013)、Lundquist(2012)、Tortorano(2011)给出的准备安装在"弗吉尼亚级"潜艇金属船体上的艏导流罩和填角的照片,以及安装在"朱姆沃尔特级"驱逐舰上的金属围板复合材料上层结构的照片,很好地说明了美国海军倾向于在重型应用中使用螺栓连接。

然而,对于应用混合式船体的船舶来说,螺栓连接远不是一个理想的连接方案。在复合材料部件内为插入螺栓而钻的孔与纤维材料(FRP 的主要承重元件)的多次切割结合在一起,大大损害了复合材料部件,不仅是因为中断了纤维的连续性,而且还产生了多个应力集中的来源,这对重载应用所需的相对大的孔尤为明显。为了弥补这一点,必须大幅增加复合部件的厚度和螺栓的尺寸,从而导致螺栓接头的质量增加,结构效率下降。

还应注意的是,在准静态载荷下,螺栓接头的可实现极限强度大大高于普通黏合剂的可实现极限强度;而这一强度与这两种方案的正常船舶运行载荷相关的长期疲劳强度是相当的。

> 尽管在准静态载荷下,螺栓接头的可实现极限强度大大高于普通黏合剂的可实现极限强度,但对于这两种连接方案而言,螺栓接头的可实现极限强度与正常船舶运行载荷有关的长期疲劳强度是相当的。

事实上,疲劳性能通常是选择混合接头方案的主要标准,因为特定的军事撞击或冲击载荷不是主要的运行载荷工况。

螺栓接头的另一个明显缺陷是水密封问题,以及螺栓和相邻金属零件极易产生(缝隙)腐蚀。这也阻碍了海军平台对普通螺栓接头的应用。

最后,使用螺栓连接的不成比例的笨重且昂贵的复合材料与金属组件的应用,可能会导致 PMC 主要用于金属舰船的预期功能优势明显减少。根据 Brown(2004)的估计,"朱姆沃尔特级"驱逐舰采用螺栓连接的质量影响相当显著,在复合材料与金属接缝范围内为 162

kg/m。

PMC 应用的质量效益降低、人工操作过多,加上高制造成本以及与单纯螺栓连接相关的水封问题,可能是美国海军拒绝“林登·约翰逊号”(DDG-1002)甲板室结构的潜在优势组合方案,并且转向成本更低的钢制甲板室替代方案(Cavas, 2013a, b)的主要原因。“林登·约翰逊号”是“朱姆沃尔特级”隐身驱逐舰的第三艘,也是最后一艘。可以想象,这种转变将明显降低该舰的隐身性能。

3.2.3 胶螺混合连接/紧固接头

除了普通胶接和单纯的螺栓连接,还有一种基本的连接技术用于将复合材料结构安装在以金属为主的船体上。这是一种组合黏接紧固方式,意味着在两个主要的承重对应物(胶黏剂和机械紧固件)之间有很大的载荷分配。

螺栓代表了适用于重载接头最常见类型的紧固件,而铆钉和木螺钉也可用于为中等载荷结构相关接头体提供必要的横向加固。

组合连接技术可以大大减少单独应用普通连接方法、普通胶接或单纯螺栓连接可能存在的缺陷。不仅如此,两者的协同作用可以大大增加组合接头的承载能力和结构效率。理想情况下,这是由于黏合剂承受了大部分施加的载荷,因此紧固件不会承受很大的载荷,而是通过保持黏合剂的完整性来防止接头的过早脱粘。

显然,在紧固件完好无损的情况下,黏合膜是健全的,能够承载大部分的负荷。同时,在黏合膜不受损害的情况下,至少有一些紧固件应该保持承重。金属紧固件即使在达到屈服状态时,也会继续承受其部分负荷,允许在相对负载不足的相邻紧固件之间重新分配负载。黏合剂的存在增强了紧固件的这种相互作用,使其受力均匀,从而提高了整个接头的承载能力。

为了达到这样的目的,紧固件不需要像普通螺栓接头中的紧固件那样大和坚固,独立地承受整个部件施加的载荷,而是相对较小,足以维持黏接的完整性即可。术语“鸡心铆钉”通常用于组合式接头的紧固件,它很好地反映了机械紧固在组合式黏接紧固接头中的这种独特作用。

由于尺寸大幅减小,在螺栓孔处的应力集中大大缓解了在材料过渡区(接头结构)内增加耦合黏附物厚度的需要。与普通的螺栓连接相比,组合接头还表现出更好的疲劳性能。

此外,胶螺混合接头具有水密性,并使用黏合剂填充所有间隙和空腔(包括无法检查的区域),以自然方式提供防腐保护。

同时,与单纯的螺栓接头相比,胶螺混合接头的设计优势提高了这些接头的可维修性和结构效率,并显著减少了质量、劳动强度、制造成本和维护费用。

> 同时,与单纯的螺栓接头相比,胶螺混合接头的设计优势提高了这些接头的可维修性和结构效率,并显著减少质量、劳动强度、制造成本和维护费用。

从 20 世纪 60 年代开始,组合接头在军用结构中也有长期的成功应用史。这种特殊类型的混合接头用于在几类苏联潜艇的金属壳体上安装外部 GFRP 板,具体包括:第 2.2 节中介绍的 627A“鲸号”/“十一月号”和 865“食人鱼号”/“罗索斯号”。

据推测,一项专利(Nikolaev et al., 2011)中提出了一种概念上相似的胶螺混合接头构型,该专利被用于在“守卫级”/“虎级”轻型护卫舰的金属甲板上安装复合甲板室和机库结构。参考文献 Bmpd(2012)中展示了在阿穆尔河畔共青城建造的第二批“守卫级”轻型护卫舰的首舰“索弗申尼号”复合材料甲板室的照片,充分证明了与 Tortorano(2011)和 Lundquist(2012)展示的“朱姆沃尔特级”驱逐舰的 PMC 上层建筑结构的类似体现相比,“索弗申尼号”PMC 甲板室的材料过渡结构主体更加细长。

虽然黏合-紧固组合的优势获得认可,但进行常规的螺栓接头设计和材料处理是不可行的。为了在连接部件(胶黏剂和机械紧固件)之间实现载荷分担,提高结构效率,对包括金属裙边和螺栓在内的连接体与基础复合结构进行了协同加工。

此外,需要适当微调用于确定胶螺混合接头的应力-应变状态和强度协调的数学模型,以反映所追求的载荷分配。否则,坚持传统的保守设计是唯一的方案,该设计要求至少一个承载对应物,即黏合剂或紧固件,能够承受整个施加的载荷,从而确保接头结构的鲁棒性。显然,这种结构冗余与所追求的载荷分配不一致,并不可避免地影响混合接头的结构效率,造成额外质量和高施工成本的不利后果,最终降低 PMC 应用效果。

胶螺混合接头强度协调的结构冗余与所追求的载荷分配不一致,并不可避免地影响混合接头的结构效率,造成额外质量和高施工成本的不利后果,最终降低 PMC 应用效果。

应该注意的是,尽管组合接头的性能优于单独使用普通胶黏剂或仅使用螺栓连接的普通接头,但与普通胶黏剂相比,它涉及大量钻孔和螺栓-螺母耦合,这增加了人工操作,也增加了制造成本。

3.3 优势连接方案

由于现有技术还不完善,我们正在持续寻求能够抑制缺陷并且前景广阔的优越结构性能,以及成本适度的新型混合连接方案。最近的成就之一是由爱迪生焊接研究所(EWI)运营的美国海军研究署海军连接中心(NJC)推广的先进胶接接头(Simler et al., 2003)。另外一种是由英国剑桥焊接研究所(TWI)开发的创新连接技术——即黏接钉复合材料-金属连接技术 Comeld(Dance et al., 2004; Dance et al., 2010; Smith, 2004)。具体而言,它是 Comeld 的 Comeld-2 版本,由位于宾夕法尼亚州约翰斯敦的英国并行技术股份有限公司(CTC)将其概念化并用于海军舰艇(Shkolnikov et al., 2009),并由位于纽约布鲁克林的贝尔特兰公司进一步开发(Shkolnikov et al., 2011)。

3.3.1 NJC 新型胶接接头

正如 Simler 等(2003)所表示的那样,美国海军研究署海军连接中心的新型混合连接概念体现了对传统胶接的改良,适用于大型复合材料上层船舶结构。具体来说,文献中所报告的工作是为 DDG-1000 级驱逐舰的复合材料甲板室与钢船体的黏合开发一种卓越的、具有成本效益的方法,足以取代传统的螺栓连接技术,该技术满足苛刻的服役要求,但成本过高。

Simler 等(2003)描述的新接头设计包括 PMC 轻木芯夹层结构,该结构与平底金属密封套相匹配,在接合的下部有略呈锥形的侧面。糊状黏合剂用于在金属密封套和复合材料的外表面之间形成黏合。这种设计基本上复制了 Grose(2004)专利中提到的传统胶接接头,现有技术适用于金属底座与夹层 PMC 结构的连接。

Brown(2004)表示:NJC 的接头设计表明,接头的任何失效均源于复合材料本身内部产生的应力,而非黏合剂接头的问题。该设计的初衷是在所有加载情况下都保持接头处于压缩状态。为了模拟 35 年的服役情况,进行了疲劳试验,试验中施加了 110 万次加载循环。经确认,接头在疲劳循环后未出现任何疲劳迹象。其疲劳载荷值与测试前保持一致。

具体而言,爱迪生焊接研究所试验报告结果表明:新推广的接头设计在室温 T=23 ℃时可以承受至少 F_U=1 500 kN/m 的平面内静态载荷和海上航道载荷联合作用,在高温T=60 ℃时可以承受 F_U=1 000 kN/m,而且经受热湿环境 60 d 和经受盐雾 1 500 h 后没有发生内部腐蚀。根据 Gardiner(2009)的说法,这足以永久认可将复合材料黏合到金属结构上的 DNV 级接头的方法。

同时,应该注意的是,所报告的组合试验载荷模式没有具体说明,给出的结果可能与对接混合接头的结构性能至关重要的单纯拉伸(拉力)载荷无关。然而,如果我们假设给定的极限强度值与平面内拉伸载荷有关,那么它仍然大大低于仅使用螺栓或通常用于重型海军结构的组合螺栓连接承受的强度。Shkolnikov 等(2011)提供了美国海军水面战中心卡德洛克分部(NSWCCD)的相关数据,反映了用于相同用途的螺栓金属双搭接混合接头的平面内拉伸试验结果,用于安装 DDG-1000 级驱逐舰的复合材料甲板室。给定的平均极限线性力为 F_U= 5 180 kN/m,即 NJC 新型胶接接头的 3.45 倍。

虽然在承载能力上不如螺栓连接标准,但 NJC 胶接与传统胶接一样,质量远低于螺栓连接。正如 Brown(2004)对"朱姆沃尔特号"驱逐舰甲板室应用的评估,NJC 的胶黏剂接头质量为每米 94 kg,而使用的螺栓接头为每米 162 kg,因此可以节省每米 68 kg 的质量。NJC 新型胶接接头具有与海军应用相对应的足够鲁棒性。特别是涉及高海况作战和海军服役中典型的水下冲击风险,每一种极端载荷都能够产生对接头性能至关重要的拉力。

NJC 连接概念的另一个明显缺陷是需要大量加工金属密封套,从而带来相当大的额外开支。

造船厂对于 NJC 胶接方案有很多承诺和考虑,但并未购买,DDG-1000 复合材料甲板室仍使用传统的螺栓连接技术生产。

尽管如此,NJC 连接技术已经在私营领域得到了民事应用,如应用在荷兰一艘长 130 m、排水量 3 500 t 的 S 级护卫舰改装的 Swift 141(后来改名为 Yas)豪华巨型游艇上。该游艇配备了一个大型的,长 100 m、宽 14.4 m、高 13.5 m 的复合材料上层建筑,NJC 的接头被用来将该上层建筑安装在 Swift 141 游艇的钢甲板上,该游艇是目前水上第 11 大游艇(Gardiner, 2009;Liversedge, 2011)。

3.3.2 Comeld 混合连接技术

创新的 Comeld 混合连接技术,通过从金属基底凸出的直立部分将黏合剂黏合与复合材料的机械"钉扎"相结合而来(Smith, 2004)。这种黏接钉接头能够显著增加黏合剂的承载能力,大大超过迄今可用的其他连接方案的结构效率。

电子束表面造型工艺(EB Surfi-Sculpt)(Buxton et al., 2005)用于使金属基底凸出并形成所需的图案,以构成黏接钉的接头。使用电子束对材料进行加工,提供专利定义的多种不同类型的表面形貌(Dance et al., 2010)。电子束具备高度自动化、计算机易于控制和低劳动密集型的特点,可以精确地重塑材料,塑造出材料表面的凸起形状,仅略微影响黏附式混合接头的制造成本。

文献 Buxton 等(2005)、Dance 等(2010)中的照片举例说明了适用于 Comeld 接头应用的凸起图案。

与直接金属沉积等潜在的竞争技术相反,Surfi-Sculpt 不是一种添加剂工艺,因此不需要复杂的粉末或导线输送系统。材料的移动被认为取决于蒸汽压力和表面张力。该工艺机制基本上可与锁孔焊接相当,即高度聚焦的功率光束在基板上产生一个蒸汽腔,根据光束的运动在工件上平移。光束穿过工件时,会产生一个拖曳的熔池。沿焊接熔池的表面张力变化和来自空腔的蒸汽压力的组合作用,导致与光束的行进方向相反的材料位移,使得在焊缝末端形成一个凹坑,并在焊缝起始点形成一个相应的凸起。Surfi-Sculpt 工艺采用真空电子束,可以通过计算机控制的电磁线圈高度聚焦并快速转向。

在最初的 Comeld 构型中(Buxton et al., 2005;Smith, 2004),电子束凸起的金属被复合重叠部分包住,形成黏接钉复合双搭接接头。Buxton 等(2005)提供的试验数据表明:与表面类似的普通胶接接头相比,Comeld 能够将面内张力下黏接的承载能力提高到 72%,同时还能提高动态载荷下的能量吸收能力。

虽然 Comeld 最初的构型概念不错,但对于横向弯曲不是最佳,而横向弯曲是船体应用的主要载荷工况。为了克服这一差异,将原 Comeld 重新配置为金属双搭接接头方案。这项改造是由英国并行技术股份有限公司(CTC)与英国剑桥焊接研究所合作,根据美国海军研究署的 MANTEC 合同进行构思。Shkolnikov 等(2009)报告称,Comeld 经过重新配置,通过金属搭接板将复合材料包裹起来,形成了一个由金属和复合材料组成的黏接钉连接结构。这种结构比其原始的复合材料双搭接结构更刚硬、更坚固。

该结果为军用舰艇作战面临的所有典型情况提供了结构优势,包括两种临界载荷工况:横向弯曲和直接横向冲击。此外,接头的抗损性得到了实质性提高,金属重叠部分保护了被包住的复合材料,使其免受直接冲击。

图 3.3 复制了重新配置的 Comeld 结构的概况视图,以下称为 Comeld-2,以将其与原始方案区分开来,避免任何相关混淆。

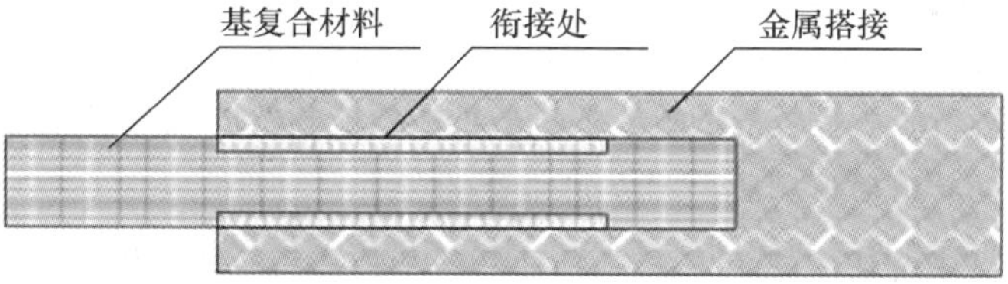

图 3.3 修改后的黏接钉 Comeld-2 配置

注:改编自 Shkolnikov(2013)。

英国并行技术股份有限公司对其概念化的努力,已经实现了 Comeld-2 的两个目标特征——相关制造技术可行,并且 Comeld-2 与普通胶接相比承载能力具备明显优势(Shkolnikov 等, 2009)。具体而言,对于最初选择的尚未优化的 Comeld-2 构型,在面内张力下获得的极限线性力 F_U = (2 850±190) kN/m,而用作基准的、外表相同的单纯胶接接头承受的极限力 F_U =(1 940±40) kN/m,相当于新型 Comeld-2 接头 48%的结构优势。

采用的两种材料处理技术,即 Surfi-Sculpt 和 VIP,适用于建造大型混合式船体结构,可以消除与最新型螺栓和胶螺混合接头有关的大量钻孔和螺栓螺母耦合操作。最终,与现有的螺栓和胶螺混合接头制造相比，大大减少了手工操作，并提高了接头制造的可重复性和可靠性。

> 所采用的两种材料处理技术（Surfi-Sculpt 和 VIP）适用于利用 Comeld-2 建造大型混合式船体结构，可以消除与最新型螺栓和胶螺混合接头相关的大量钻孔和螺栓螺母耦合操作，同时与现有的连接方案相比，可以大大减轻质量，提高结构效率。

由于初步构思研究取得了可喜的成果，我们对 Comeld-2 混合连接概念做了进一步开发。第 4 章介绍了这项工作的主要成果。

参考文献

Adams, R. D., Comyn, J., Wake, W. C., 1997. Structural Adhesive Joints in Engineering Springer, 359pp.

Allman, D., 1977. A theory for elastic stresses in adhesive bonded lap joints. Q. J. Mech. Appl Math. 30,415-436.

Anon, 2012. Goodrich delivers first composite sail cusp for Virginia class submarine. Rein-forced Plasics. com, News, June 12. Available from http://www. reinforcedplastics. com/view/26255/goodrich-delivers-first-composite-sail-cusp-for-vinginia-class-submarine/.

Anon, 2013. Marine composite structures, products. UTC Aerospace Systems. Available from http:// utcaerospacesystems. com/cap/products/Pages/marine-composite-structures. aspx.

Baldan, A.. 2004. Review: adhesively-bonded joints and repairs in metallic alloys, polymers and composite materials: adhesives, adhesion theories and surface pretreatment. J. Mater. Sci. 39,1-49.

Banea, M. D., Da Silva. L. F. M., 2009. Adhesively bonded joints in composite materials: an overview. Proc. Inst. Mech. Eng., L: J. Mater. Design Appl. 223, 1-18.

Bmpd, 2012. Superstructure for Corvette Sovershemniy is Delivered to Komsomolsk-on-Amur, Blog, Center of Strategies and Technologies Analysis, Oct 12 (Надстройкз для Корвета "Совершенный Доставлена в Комсольск-на-Амуре"). Available from http://bmpd. livejournal. com/ 353558. html? thread-7456022.

Boyd, S. W., Blake, J. I. R., Shenoi, R. A., Kapadia, A., 2004. Integrity of hybrid steel-to-composite joints for marine application. Proc. Inst. Mech. Eng, M: J. Eng. Maritime Environm. 218(4),235-246.

Brown, L., 2004. Composite to Steel Joints Developed for the Next Generation Surface Combatant. Technical Presentation, the ASM International Indianapolis Chapter.

Buxton, A. L., Dance, B. G. I., 2005. Surfi-Sculpt™-revolutionary surface processing with an electron beam. In: Proceedings of AsM International ISEC Congress, St Paul. MS. 1-3 Aug.

Cavas, C. P., 2013a. Navy-switches-from-composite-steel. Defense News, Aug 2. Available irom www. defensenews. com/article/20130802/DEFREG02/308020010/Navy-Switches-from-Composite-Steel.

Cavas, C. P., 2013b. Gulfport-composites-shipyard-close. Defense News, Sep 4. Available from www. defensenews. com/article/20130904/DEFREG02/309040016/Gulfport – Composites – Shipyard–Close? goback = %2Egde_88203_member_271117055#%21.

Dance, B. G. I. , Kellar, C. , 2004. Workpiece Structure Modification. Number Wo 2004/028731 A1. International Patent Publication. Available from https://data. cpo. org publication – server/rest/v1. 0/publication–dates/20101103/patents/EP1551590NWB1/documents. pdf.

Dance, B. G. I. , Kellar, C. , 2010. Workpiece Structure Modification. Patent 7667158 B2 USA. Available from http: //www. google. co. ck/patents/US7667158.

Gardiner, G. , 2009. From frigate to luxury gigayacht. Composites Technology, 15 (5), 32. http://www. compositesworld. com/articles/from–frigate–to–luxury–gigayacht.

Goland, M. , Reissner, E. , 1944. The stresses in cemented joints. J. Appl. Mech 66, A17–A27.

Greene, E. , 1999. Marine Composites, second ed. Eric Greene Associates, Annapolis, MD. 377pp. Available from http://ericgreeneassociates. com/images/MARINE_COMPOSITES. pdf.

Grose, D. L. , Wanthal, S. P. , Sweetin, J. L. , Mathiesen, C. B. , Southmayd, R. A. , 2004. Methods of Joining Structures and Joints Formed Thereby. Patent 7,393,488 B2, USA, July 1. Available from https: // docs. google. com/ viewer? url = patentimages storage. googleapis. com/pdfs/0S7393488. pdf.

Gustafson, P. A. , Bizard, A. , Waas, A. M. , 2006. Dimensionless parameters in symmetric dou–ble lap joints: an orthotropic solution for theromechanical loading. In: AIAA 2006–1959, AIAA/ ASME/ ASCE/ AHS/ ASC 47th Structures, Structural Dynamics, and Materials Conference, May 1–4. Newport Rhode island, 17pp.

Le Lan, J. Y. , Livory, P. , Parneix, P. , 1992. Steel/ composite bonding principle used in the connection of composite superstructures to a metal hull. In: Proceedings of SAND–wICH2. Gainesville. Florida.

Liversedge, B. , 2011. 141m Yas Launches at ADM. SuperyachtNews. com, Nov 25. Available from http: //www. superyachtnews. com/ fleet/ 17066/ yas launches at adm. html.

Lundquist, E. , 2012. US Navy: DDG 1000s composite deckhouse milestone. Maritime Reporter Eng. News. 26–28.

Matthews, F. L. , Kilty, P. P. F. , Godwin, E. W. , 1982. A review of the strength of joints in fiber-reinforced plastics 2: Adhesively bonded joints. Composites 13(1). 29–37.

Messler Jr. , R. W. , 2004. Joining composite materials and structures: some thought–provoking possibilities. J. Thermoplastic Compos. Mater. , 51–75.

Nikolaev, L. S. , Bulkin, V. A. , Ivanov, I. N. , Kacznelson, L. I. , Fedonyuk, N. N. , 2011. Bonded – bolted Joint of Composite Superstructure with Metal Ship Hull. Patent 2235660, Russia (Клее – Болтовое Соединение Надстройки мз Композитного Материала с Металлическим Корпусом Судна). Available from http: // www. tindpatent. ru/patent/223/2235660. html.

Renton, W. , Vinson, J. , 1975. The efficient design of adhesive bonded joints. J. Adhesion 7, 175–193.

Shkolnikov, V. M. , 2013. Material – Transition Structural Component for Producing of Hybrid Ship Hulls, Ship Hulls Containing the Same, and Method of Manufacturing the Same.

Patent 8,430.046 B2. USA.

Shkolnikov, V. M., Khodorkovsky, Y., 2011. To-date advancement of bonded-pinned composite-to-metal joining technology. In: Proceedings of SAMPE-2011 Conference, Long Beach, CA, 23-26 May, 13pp.

Shkolnikov, V. M., Dance, B. G. I., Hostetter, G. J., McNamara, D. K., Pickens, J. R., Turcheck, S. P., Jr., 2009. Advanced hybrid joining technology. OMAE2009-79769 Proceedings of the ASME 28th Intemnational Conference on Ocean, Ofishore Arctic Engineering, OMAE2009, Honolulu, Hawai, May 31-June 5, 8pp.

Simler, J., Brown, L., 2003. 21st century surface combatants require improved composite-to-steel adhesive bonds. AMPTIAC Q. 7 (3), 21-25, Available from http://ammtiac.alionscience.com/pdf/AMPQ7_3ART03.pdf.

Smith, F., 2004. COMELD-an innovation in composite to metal joining. Composites Pro-cessing, CPA, Bromsgrove, UK, Apr 23. Available from http://www.twi.co.uk/technical-knowledge/published-papers/comeld-an-innovation-in-composite-to-metal-joining/.

Tortorano, D., 2011. Beyond shipbuilding. Alliance Insight, V(Ⅱ), Mississippi Gulf Coast Alliance for Economic Development, July. Available from http://www.mscoastaerospace.com/news-publications/files/AI-Q3-2011.pdf.

Volkersen, O., 1938. Die Niektraftverteilung in Zugbeanspruchten mit Konstanten Laschenquerschritten. Luftfahrtforschung 15, 41-68.

Weitzenböck, J. R., McGeorge, D., 2005. BONDSHIP Project Guidelines. Det Norske Veritas, 254pp. ISBN 82-515-0305-1.

Wright, P. N. H., Wu, Y., Gibson, A. G., 2000. Fibre reinforced composite-steel connections for transverse ship bulkheads. Plastics Rubber Compos. 29(10), 549-557.

第 4 章　Comeld-2 开发与性能评估

本章介绍了对 Comeld-2 混合连接技术持续研发的成果,对 Comeld-2 进行了各种分析、设计、制造试验和机械环境测试,最终优化了材料加工技术和设计参数。这些工作由美国海军研究署(ONR)赞助,由位于纽约布鲁克林的贝尔特兰公司(Beltran, Inc.)在“小企业技术转让项目(STTR)”框架内,与英国并行技术股份有限公司(CTC)以及其他一些在相关行业和市场领域领先的公司和机构合作开展,重点关注可行、有效且适合海军的技术解决方案。参与者除了美国海军研究署、CTC 和贝尔特兰公司,还包括以下公司和机构:

· 美国海军水面战中心卡德洛克分部(NSWCCD,前身为泰勒水池,译者注),位于马里兰州贝塞斯达,负责为研究事宜提供技术咨询;

· 电子束技术公司(EBTEC),位于马萨诸塞州阿加万,是一家专门从事尖端金属处理技术的高科技公司,能够实现 Comeld-2 混合连接结构所需的金属电子束表面造型技术;

· 特里顿(Triton)系统公司(TSI),位于马萨诸塞州切姆斯福德,是一家材料科学和工程公司,具有复合材料原型设计和制造能力,能够制造所需的全尺寸复合材料和混合试验样品;

· 威斯特摩兰机械测试和研究公司(WMT&R),位于宾夕法尼亚州扬斯敦,是一家材料研究和测试机构,负责执行机械环境测试计划;

· 美国海军学院(USNA),位于马里兰州安纳波利斯,受委托对 Comeld-2 试样和其他混合连接方案进行独立的静态和冲击比较测试。

贝尔特兰公司得出的数据包括计算机仿真、Comeld-2 的优化设计选择、制造试验、各种机械和环境测试结果,以及与迄今为止可用的其他混合连接方案相比较的成本评估。

4.1　初 步 研 究

初步研究的主要工作包括:

· 设计数学模型和进行计算机仿真,以研究 Comeld-2 接头在各种加载条件下的结构行为;

· 根据 Comeld-2 结构性能分析评估,改变突出模式;

· 开发一种适合装备大型混合结构的 Comeld-2 接头的制造工艺;

· 开展与电子束金属沉积和 Comeld-2 加工相关的制造试验,以及全尺寸 Comeld-2 测试件的制造;

· 设计和执行广泛的试验程序,对接头在各种受力环境下的结构性能进行试验评估,并验证所选数学模型的有效性;

· 汇编试验数据,并形成规定 Comeld-2 接头设计许用值的性能范围;

· 调整拥有最佳服役性能的 Comeld-2 接头最优配置;

· 初步设计了集成 Comeld-2 接头的混合全尺寸大型技术展板(TDP),以复制混合船体的扩展材料过渡结构。

本节介绍的研究主要包括初步的有限元(FE)计算机建模和仿真,以及制造试验和机械测试,由此共同验证新开发混合连接概念的可行性并评估其结构效率。在初步研究中还检查了混合式船体中 Comeld-2 的耐蚀性和可修复性等相关问题,并在本章后续部分进行了展示。

4.1.1 初步计算机仿真

对两种混合接头的面内拉伸载荷进行有限元建模和仿真,一种是复合双搭接黏接钉 Comeld-2 接头,一种是外观相同的普通黏接接头(作为基准)。此操作的目的是模拟将复合材料中段板从金属重叠处拉出,以确定突出特征如何被整合并参与复合材料影响的黏接连接结构行为。

使用 ANSYS 有限元软件建立、调试、运行两个类似的异质参数有限元模型。这两个模型都包括接头的金属部件和 PMC 部件的各向同性和各向异性二阶实体元素。

图 4.1 中的接头布局显示了所用的带有最初所选突出模式的 Comeld-2 配置。

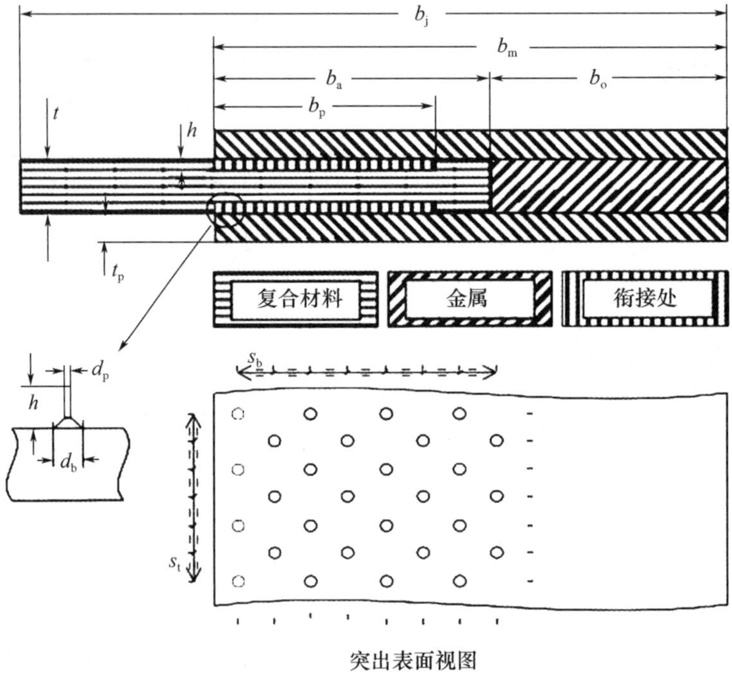

图 4.1 Comeld-2 布局

注:改编自 Khodorkovsky 等(2010)。

选择一块厚度为 $t=12.7$ mm 的复合材料中间板和两块厚度为 $t_p=6.4$ mm 的金属搭接板来构建每个计算机模型。使用理想微型直立圆柱销对 Comeld-2 接头金属板的预期突出进行建模,模型的尺寸和间距与从各种所提供的方案中选择的突出模式一致。图 4.2 复制了最初选择的突出模式图像,该模式与其他专利有关的突出选项一起呈现(Dance et al.,2010)。

具体而言,将销钉直径设定为 $d_p=d_b=1.0$ mm,高度设定为 $h=3.2$ mm。将销钉交错放置,沿接合线的销钉相邻行间距设定为 $s_l=3.2$ mm,横穿接合线的相邻行间距为 $s_b=3.8$ mm。将黏合膜的厚度设定为 $0\leqslant t_f\leqslant 0.5$ mm。这意味着在复合材料和金属附着物基底平坦表面的交界处,以及带黏接钉接头模型的周围复合层压材料的销钉交界处都有黏合膜。

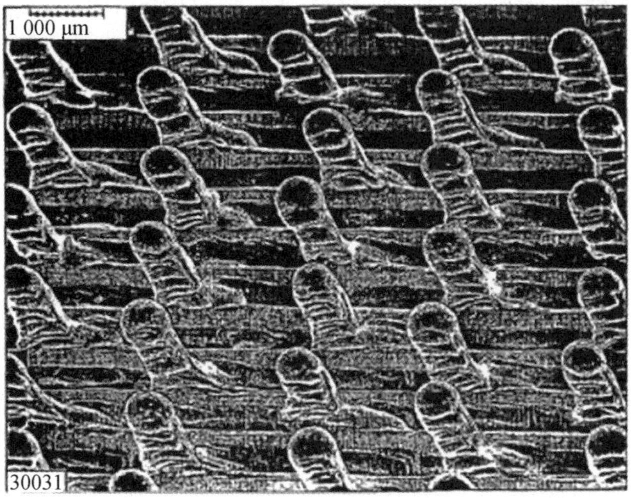

图 4.2 最初选择的突出模式

注:引自 Dance 等(2010)。

带入黏合膜的厚度变化和其他一些设计特征,评估它们对 Comeld-2 结构性能的影响。可选设计特征中也采用了黏合线开口端的胶黏剂喷射圆角和黏合线顶端金属搭接板向后斜面。此外,改变黏合膜的力学性能,评估它们对接头性能的重要性。

黏附材料用于计算机仿真,它的力学性能与选定的经认证用于海洋/船舶结构设施的异种材料系统相对应。作为商用 HLSA 65 合金的类似物,船用 EH-36 钢合金(ASTM A945 65 级)因其化学成分和力学性能,用于包括突起引脚在内金属板的制造。中段板由乙烯基酯树脂(Derakane 8084)机织粗纱 E-Glass 24-oz 组成。层压制造计划中的材料包括交替旋转度为 0°、45°、90°和-45°的层压板,层压板厚度分布均匀。

用不受横向限制的线性模型来反映预期拉伸测试固有的边界条件。考虑到结构和载荷对称性,使用了半接头模型。

假定 Comeld-2 接头的任何结构组件都可能包含最薄弱的环节,能够在接头体上引发整体应力重分布,最终导致其完全失效。通常,在接头失效前可能会出现各种不同的初始失效模式。这些初始失效模式可能包括材料过渡区外的复合材料中段板断裂或分层;复合材料与金属界面的脱粘;由于预期应力集中,复合板在结构不连续区域,比如在金属重叠的尖端或在插入复合板的引脚附近断裂;或在材料过渡区焊缝和/或其他应力集中区域的金属裂纹。

面对预期的潜在失效模式多样性,需要应用一个整体准则来协调与不同接头部件有关的单个失效标准与给定设计和运行要求。

在给定的设计和运行要求下,需要应用一个整体准则来协调不同接头部件的单个失效标准。

为满足这一要求,并整合一维局部失效指数 Ψ_M、Ψ_C、Ψ_B(每个指数分别用相对于该部件极限强度的方式描述了接头结构部件中的应力强度),引入了一个整体失效指数 Ψ_{max} 表示为

$$\Psi_{max} = \max(\Psi_M, \Psi_C, \Psi_B) \tag{4.1}$$

此处下标 M、C 和 B 分别表示部分失效指数对金属、复合材料和黏合膜的相关性。

通常,在任意加载条件下,混合接头及其部件会经历明显的三维应力。正因如此,Ψ_{max}标准既反映了接头部件的三维应力状态,也反映了所使用的 PMC 固有的力学性能的正交性。为满足这一前提,采用了两种有效的常规失效准则:即与各向同性金属有关的冯·米赛斯屈服准则和与非金属零件(由复合材料中间板和黏合膜组成)有关的扩展诺里斯-麦金农准则。

代表冯·米塞斯准则的失效指数Ψ_M在其无量纲形式中表示为

$$\Psi_M = \frac{\sqrt{(\sigma_1-\sigma_2)^2+(\sigma_2-\sigma_3)^2+(\sigma_1-\sigma_3)^2}}{\sqrt{2}\sigma_Y} \tag{4.2}$$

单位载荷下,金属部件内部产生的主要正应力为σ_1、σ_2、σ_3;所使用金属合金的屈服应力为σ_Y。

选择扩展诺里斯-麦金农准则是因为它代表了一种直接选择,最适合表征具有细长正交性(或横向准各向异性)的层压复合材料(用于船舶结构的典型海洋级 PMC 所固有的)的极限三维应力状态。相关的失效指数Ψ_C、Ψ_B表示如下:

$$\left.\begin{matrix}\Psi_C\\ \Psi_B\end{matrix}\right\} = \sqrt{\sum_{k=1}^{3}\sum_{l=1}^{k}\tilde{\sigma}_{kl}^2} \tag{4.3}$$

这里$\tilde{\sigma}_{kl}=\dfrac{\sigma_{kl}}{S_{kl}}(k,l=1,2,3)$是沿 PMC 正交轴的相对应力成分,也与单位载荷的应用有关。

根据出现的因拉伸或压缩产生的诱导正应力σ_{kk}的符号,使用了不同的极限压力值:

$$S_{kk}=\begin{cases}(S_{kk})_c \text{ for } \sigma_{kk}\leqslant 0\\ (S_{kk})_t \text{ for } \sigma_{kk}>0\end{cases},k=1,2,3 \tag{4.4}$$

式中,下标 c 和 t 分别表示与压缩和拉伸应力的相关性。

基于给定公式(4.1)~公式(4.4)的子程序代码经设计、调试后,被纳入 ANSYS 有限元后处理程序。由于这一升级,所运行的计算机仿真通过可视化计算出的整体失效指数Ψ_{max},表征了多部件混合接头的极限应力状态,从而使合理选择最佳接头设计参数成为可能。Shkolnikov 等(2009)展示了执行的有限元仿真产生的典型图像,该图像显示了混合连接选项、传统普通胶黏剂黏合基准及其带金属直立钉的 Comeld-2 模拟物在接头横截面上的整体失效指数Ψ_{max}分布。

正如预期的那样,在两个实例中,金属尖端区经受了强化应力,影响了接头性能。为克服这种不利的应力集中,模型中的金属搭接板向复合材料中间板倾斜,明显降低了金属尖端区域的应力水平。

很大程度上,在金属尖端区域达到相同的极限应力水平时,黏接钉接头的金属板所承受的应力比纯黏合的金属板大得多。显然,这反映了销钉存在的影响。销钉增强了金属和复合材料零件之间的负载分担,增加了接头的承载能力。

研究各种设计特征的重要性是可一定程度上控制 Comeld-2 的性能,并初步优化其设计参数。而且研究发现,就给定的金属和复合材料结构的等级和尺寸而言,在销钉区域内和接头的整个胶接区域的范围值$b_p=102$ mm 和$b_a=152$ mm(根据图 4.1 符号)足以实现金属与复合材料结构的有效接合。进一步增加这些范围值虽然相当有用,但可能会被拒绝,且效果不足以影响接合。

总的来说，在 Shkolnikov 等(2009)文献中进行的计算机仿真就接头结构特性给出了有价值的定性和定量数据，有助于理解黏接钉接头部件的服役交互性，并为优化 Comeld-2 设计奠定基础。然而，所使用的计算机模型有一定的复杂性，不应将计算结果视为混合接头极限承载能力的决定性因素，因为真实的多部件混合结构本身存在多种不确定性，可能会显著影响计算结果，并破坏混合结构的最终性能。

尽管所采用的计算机模型有一定的复杂性，但不应将计算结果视为确定混合接头极限承载能力的决定性因素，因为混合接头结构本身存在多种内在不确定性。

黏合膜的完整性、厚度和力学性能多样性都是所用大型混合结构的不确定因素，它们很有意义，无法仅通过实施计算机建模得到确定，这是由于所关注的混合结构的复杂性导致的影响因素之一。为缓解这种担忧并收集试验数据以支持 Comeld-2 设计的优化，下面进行了初步制造试验和全尺寸接头部件的机械测试。

4.1.2 制造试验

为实现这一目标，使用上述指定的船用钢材设计和制造了接头试样。使用两块来自不同表面且带最初选定突出模式(图 4.2)的金属搭接板，将它们与复合材料层压板接合并黏合。

与图 4.1 相对应，突出直立销的主要参数如下：高度 $h=3.0$ mm；直径 $d_p=d_b=0.5$ mm；沿接头的跨度 $s_l=3$ mm，跨接头的跨度 $s_b=5$ mm。根据图 4.1 的符号，试样的整体尺寸为：$b_p=102$ mm；$b_a=152$ mm；$b_m=305$ mm；$b_j=457$ mm；$t=12.7$ mm；$t_p=6.35$ mm。就像上面讨论的有限元模型一样，物理试验模型的金属搭接板向复合材料中间板倾斜，降低金属尖端的应力水平，从而提高接头样品的承载能力。

为制造带有 Comeld-2 接头的混合面板，执行了 5 个连续的主要材料加工步骤，包括：

· 金属板的制备；
· 纤维铺层的制备；
· 两者的干式装配；
· VIP 设置；
· 树脂灌注和固化。

对每个加工步骤进行必要的质量控制。

为确保复合材料和金属基材之间的黏合质量，应清洁钢接触面以去除锈迹和污渍，金属板在树脂灌注前进行了喷砂和预涂底漆处理。喷砂时使用了中等粒度的磨料。然后，通过吹气和用甲醇冲洗固定表面来清除多余的磨料。接下来，对固定表面轻涂一层底漆，以增强在温度变化和恶劣环境暴露下保持更持久的黏合效果。

传统的 VIP 是制造大型船舶结构最便捷的闭模材料工艺(Osborne，2014)，经过修改后，可以适当容纳复合材料中段板内的金属搭接板上突出的钉子。与其他可能的 PMC 加工技术相比，修改后的 VIP 的优势还包括：

· 缓解与组装成混合结构的大型金属和复合材料结构交界面有关的装配问题；
· 消除二次黏接操作，降低劳动强度，提高接头的结构性能；
· 增强制造过程的可重复性和可靠性。

本研究进行了一些初步的制造试验，调整制造程序，目标是在复合材料层压板内充分容纳凸起的销钉，并在复合材料和金属附着物之间进行相应的紧密接触，这两者对于最大限度地发挥接头结构潜力是必要的。

本研究制造了几块 584 mm 长的含有 Comeld-2 接头的混合板,尺寸与上述其他尺寸参数相同。经 VIP 处理后,混合板在 82 ℃下二次硬化 4 h,然后用水刀切割,形成离散的 63.5 mm 宽试样,并进行拉伸试验加载至失效。基本上采用同一套 VIP 程序来制造 Comeld-2 接头和其对应物(外观相同的普通黏合混合接头)的混合板。

如图 4.1 所示,试样的两端是平的,没有调整片,可以用楔形紧握器夹住。复合材料和金属板在过渡区外的单一材料零件范围值为 $b_o = b_j - b_m = 152$ mm,足以让试验机中的试样抓取变得更可靠,并确保试样与材料过渡区的距离,满足应力分布均匀化。

4.1.3 力学测试

为验证 Comeld-2 概念的可行性,并评估 Comeld-2 相对于其他现有混合连接方案的承载能力,我们进行了初步的力学比较测试。正如前面所强调的,混合接头在承受两种主要类型的操作载荷、常规重复载荷和动态冲击载荷作用下,普遍会发生横向弯曲,为此特地选择了 Comeld-2 配置,以提高其在这种情况下的性能。

混合接头在承受两种主要类型的操作载荷、常规重复载荷和动态冲击载荷作用下,普遍会发生横向弯曲,为此特地选择了 Comeld-2 配置,以提高其在这种情况下的性能。

考虑到这一点,常规船体结构的弯曲测试无法为 Comeld-2 接头的极限状态提供代表性数据。因此,对所选的金属双搭接混合接头进行静态面内拉伸试验至失效,表明其最关键的载荷工况。在相同条件下,为提供基准比较,还测试了无金属突出部分、外观相同的普通胶黏剂。

本测试使用了负载能力为 534 kN 的天氏欧森万能试验机。除了与试样形状和尺寸有关的要求外,这些测试基本上是按照 ASTM D3039/D3039M 标准的要求进行的。

将接头试样放置在楔形夹具中,并在金属和复合材料结构分离时在位移控制中单调加载。同步记录了拉伸载荷、应变和伸长率,以及失效模式和位置。

如第 3 章所述,基准平面销接接头在线性力 $F_U = (1\,944 \pm 35)$ kN/m 时失效,而黏接钉 Comeld-2 接头在线性力 $F_U = (2\,854 \pm 193)$ kN/m 时失效。因此,最初选择的 Comeld-2 接头在静态面内拉伸载荷方面,比仅基准黏合的接头强 48%。仅胶接接头和黏接钉接头的测试结果的变异系数分别为 $CV_B = 2.2\%$ 和 $CV_P = 6.8\%$,与 PMC 试样测试结果的典型变异一致。

从外观上看,所有经过测试的试样都表现出了相同的失效模式,即复合材料板从金属搭接板的夹持中拉出,发生了双剪切失效。同时,后续的断口分析显示,两种测试的接头配置的故障模式有相当大的差异。正如 Shkolnikov 等(2009)所证明的那样,因使用性能良好的胶黏剂,仅胶接接头主要表现出典型的内聚破坏。黏接钉接头的故障模式属于混合型。部分情况下,钉接区域出现了内聚破坏,销钉剪切或塑性变形了。然而,与普通胶接试样情况不同,复合材料与金属交界面的钉接区域外,黏合膜主要表现为黏合失效。这表明黏合膜黏接性能相对较差,导致共同承载能力下降。

尽管试验数据涉及初步的非优化 Comeld-2 技术设计方案,但它们验证了新型 Comeld-2 连接概念的可行性,以及与基准普通胶接相比的结构优越性,结果令人信服。所进行的测试也证明了所选择和使用的有限元模型与真实的混合连接结构匹配良好,并且模型能够反映 Comeld-2 混合结构的服役性能和失效特殊性。

除了大体上积极的结果,初步研究的结果还揭示了最初使用的 Comeld-2 加工本身的某些不完善之处。尤其是突出的钉子在复合层压板内的适应性未能完全实现。这被认为是黏接区域之外的胶黏剂和钉子性能相对较差的主要原因。由于使用相同的材料成分和工艺(不包括突出的钉子适应性)制作的普通胶接试样确实显示出黏合膜完全参与了承载,所以得出上述结论。由于试验显示的这种差异,人们认为通过增强销钉对侧向力的抗性,增加黏合膜对接头性能的参与度,可以显著提高 Comeld-2 的承载能力。

本质上,我们的目标是在销钉的鲁棒性和它对复合材料层压板的穿透性和适应性之间找到适当平衡。这是 Comeld-2 技术中最关键和最具挑战性的方面,对于船用钢材结构 PMC 本身坚韧的层压板而言,更是如此。

Comeld-2 技术中最关键和最具挑战性的方面,是在销钉的鲁棒性和它对复合材料层压板的穿透性和适应性之间找到适当平衡,对于船用钢材结构 PMC 本身坚韧的层压板而言,更是如此。

然而,适当调整最初设计的材料加工方法似乎可行,从而可实现所追求的黏合剂和销钉连接这两个连接部件的协同作用,达到二者间的完全接合和载荷分担。为完成这一紧迫任务,目标明显应变为调整突出销钉的形状和尺寸,同时调整促进复合材料层压板中销钉充分适应性的材料加工。接下来的发展解决了 Comeld-2 技术设计中暴露出来的不完善之处,并为 Comeld-2 提供了合理的成熟度。

4.2 抗冲击性

在讲述下一步的 Comeld-2 技术设计推进前,4.1 节初步研究中对 Comeld-2 服役性能的另一方面离散问题进行了研究。这与 Comeld-2 的抗冲击载荷性有关,也是海军舰艇的主要载荷工况之一。Khodorkovsky 等(2009)报告的相关工作包括计算机仿真和物理试验,分别针对三种不同的材料系统,即 Comeld-2 复合材料-金属接头配置,和两种对照的单材料试样(全复合材料和全金属)。

所使用的计算机模型体现了单材料和混合型 Comeld-2 板两侧边界条件固定。所有模型的宽度都是 305 mm,金属板厚度为 6.4 mm,复合材料板厚度为 12.7 mm。单材料模型采用四分之一对称,混合接头模型采用二分之一对称。

使用 ABAQUS/CAE 软件,建立具有选定边界条件的有限元模型。金属板使用三维线性简化积分元(C3D8R)进行网格划分,复合材料板则使用三维简化积分连续壳元(SC8R)进行网格划分,其中五层板具有与纯复合材料相同的层状特性。

将近似中高应变率的材料特性融入有限元模型,反映随着加载速率的改变而改变的各种特性。

将限制在水平方向移动的冲击器假定成一个直径为 50 mm 的半球体,其质量会发生变化,最大可达 91 kg,可以承受所需的冲击能。通过从不同的高度(最高为 1.83 m)释放冲击器,产生载荷。

对冲击器建模,正确表示其与受冲击板之间的相互作用。在“无屈服”条件下,用 C3D8R 对冲击器进行网格划分。

用 ABAQUS/Explicit 模拟冲击载荷的瞬态响应。为预测金属板中裂纹发生、跟踪裂纹的扩展，仿真中包含了初始损伤和演变值。

预先确定了4.88 m/s、5.46 m/s和5.99 m/s的冲击速度，对应于预定物理试验的假定落差高度为1.22 m/s、1.52 m/s和1.83 m。

在5.46 m/s的冲击速度下，为金属模型设定的重22.7 kg的冲击器质量，产生了338 N·m的冲击能量，对其远端表面造成了中等程度的损伤。在相同速度下，将冲击器质量增加到45.4 kg，则其受损面积明显增加，裂纹扩展超出了预测行为的可接受精准度。

由此认为，所应用的简化计算机模型足以确定局部小区域内发生的损坏，且不会消除因承载而产生的所谓损坏有限元。因此，认为22.7 kg下落质量的计算结果是全金属板开始损坏的阈值。

全复合材料板模型受到了22.7 kg质量以5.46 m/s的速度下落的相同冲击。使用蔡-希尔（Tsai-Hill）失效准则，我们发现至少有20%的复合材料板远端（应变）表面承载能力会超过材料的承载能力。基于这些发现，在施加的边界和载荷条件下，假定6.4 mm厚的金属和12.7 mm厚的复合材料这两种单一材料模型具有几乎相等的抗冲击性。

在混合接头模型中，通过数值连接节点来模拟金属和复合材料之间的交界面，从而在边界处连接位移。这种近似情况假定金属表面和复合材料表面完全接合，在交界面上评估不到任何损伤。然而，我们可以对黏合材料的应力条件进行分析，评估黏合失败是否是问题。

22.7 kg冲击质量从1.83 m处以6.0 m/s轻微增加的冲击速度落下，导致混合接头模型受到轻微损坏。复合材料的应变表面在材料过渡外的区域大约使用了50%的承载能力。因此，将冲击质量加大至55.4 kg，以6.0 m/s的速度下落，产生的冲击能量为816 N·m。冲击质量翻倍，明显加重了复合材料在接头外的损坏程度，几乎占裂纹阈值的90%。但损坏仍然集中在最外层的纤维内。

在55.4 kg质量的冲击下，金属重叠板也经受了可容忍的延展性损伤，约占退化阈值的50%。因此，构成混合接头的复合材料和金属结构应该很容易经受住816 N·m的冲击能量，这是338 N·m冲击能量的2.4倍，而338 N·m足以破坏6.4 mm的金属或12.7 mm的复合材料板。

由于应变面积相对较小，损坏很可能局限在直接受冲击的区域内，也可能在复合材料的转变边缘，即金属尖端。总的来说，所进行的冲击模拟表明，Comeld-2接头应能经受住816 N·m的低速冲击能量。需增加冲击器质量和/或速度，产生超过816 N·m的冲击能量，从而在金属与复合材料交界面之外的复合材料上诱发损伤。

除了计算机仿真外，还依据计算机模型制作了5个305 mm宽的试样，并在美国海军学院实验室进行了物理冲击（Khodorkovsky et al.，2009）。其中3个样品是混合型的，配有Comeld-2接头，另外2个是单材料的对照样品，分别是钢制和普通复合材料制成，都使用了与上述第4.1节所述相同的材料系统。

本试验使用Instron Dynatup 9250HV冲击试验系统执行测试，它适用于各种从低到高冲击能的应用。将混合接头试样夹在单材料扩展板的两端，另外两侧没有支撑。试验中使用了一个直径为25.4 mm的半球形冲击器，与计算机仿真所选择的差不多。施加29.6 kg的恒定质量，在271 N·m和1 190 N·m的范围内变换冲击能量，从而确定失效生成及其发展。在大多数测试中，使用气动制动器，避免重复撞击。记录与每次测试有关的接触力、冲击能和最大挠度，以及失效损坏程度和位置。

Khodorkovsky等（2009）提到收集的冲击试验数据与上述计算数据完全吻合，证明了

Comeld-2 与邻近的单材料结构(金属或复合材料)相比,在冲击载荷下的卓越性能。

冲击试验的数据证明了 Comeld-2 与邻近的单材料结构(金属或复合材料)相比,在冲击载荷下的卓越性能,结果令人信服。

4.3 可修复性

可修复性是混合式船体结构服役性能相关的另一个主要关注点,这一点在初步研究中已经提及。海军舰艇除了承受常规操作载荷外,还经常受到事故和武器效应的影响,这些影响可能远超常规海上操作的载荷范围。因此,在设计时,除了需要考虑船体结构可能损伤模式的必要强度协调外,还需要考虑损伤发生的可能性、损伤发生后可能产生的后果,以及混合结构在服役期间的可修复性。

设计时需要考虑船体结构可能的损伤模式、受损的预期后果,以及混合结构在服役期间的可修复性。

操作负载和潜在武器的影响呈现多样性,这意味着船体结构可能存在多种多样的损伤模式。针对参考文献 Anon(未注明日期)中提到的可能威胁到船舶生存或削弱其战斗价值的、可能的损伤模式,进行了如下概括:

- 水下船体出现大洞;
- 水下船体出现小孔和裂缝;
- 水线以上的船体出现孔洞;
- 穿孔、受损、凹陷或变形船舱壁;
- 梁、支架或其他结构件受损或断裂;
- 被破坏或削弱的甲板;
- 机器下方损坏或变形的基础。

一些损伤情况带来了不可避免的损失,而其他情况可能只与轻微的进水有关。绝大多数情况都处于这两个极端之间。它们包括爆炸损伤的程度、碎片孔、翘起的甲板和舱壁、弹出的封闭物和破裂的管道,这些可能在直接损坏区域之外造成缓慢的进水,导致船舶沉没,也可能不至于造成这种情况。

损坏后,决定舰艇生命力的最重要因素是船员的能力,看他们能否通过紧急维修,如堵漏、修补和加固,来阻止进水加剧。

海军几十年来所积累的经验表明,当一艘船受到重创,遭受到严重进水的损伤后,通常会出现以下两种情况之一:

- 因损伤巨大,这艘船在水中不停倾斜、纵倾和沉降,在被撞后几分钟内就完全倾覆了。
- 在最初的损伤后不久,这艘船就停止倾斜和纵倾,并在水中沉降。

此外,经验表明,第二种情况下,在损伤后持续几个小时,船舶可能沉没,其原因可直接追溯到渐进式进水(Navedtra,2008)。

因此,在役损伤后能否迅速恢复,可能是保障军舰生命力和战斗力的一个关键因素。为减少对船体结构广泛且不可修复的损伤风险,应采取适当的设计措施,尽量降低可能的损伤严重性,并保证维修的便利性。

通常,混合式船体在结构上比普通的单一材料船体更复杂。因此,如果混合结构在材料过渡区经受了相当大的损伤,可能会给修补工艺带来更多复杂性。然而,现有的与传统单一材料船体有关的可修复性要求不应因混合结构而降低。为满足这一需求,应尽量减少损坏关键的混合式结构部件,并保证良好的修复性和可及性。

专门选择 Comeld-2 配置(带包围复合材料的外部金属板)解决这类损伤预防问题时,它的抗损伤能力已提高到与相邻的单一材料结构相当的水平。在所进行的计算机仿真和物理冲击测试中,使用 Comeld-2 的混合板确实拥有卓越的抗冲击性,与对照的单一材料试样(钢或复合材料)相比,大约增加了一倍。因此,由于船体受到能够产生损伤的冲击,威胁到船舶的生存,所以这种情况在常规单一材料结构中出现的概率要高得多,而这种结构的修复方法成熟且相对简单。

传统的方法包括修补工艺的所有组成部分,包括应用视觉和可用的仪器方法对损坏进行无损评估;旨在暂时关闭孔洞的普通堵塞技术;以及在一定持续服务时期内半永久性或永久性恢复受损结构。

在低概率事件中,如果冲击非常严重,对 Comeld-2 结构造成相当大的损伤,修补工艺应至少包括以下两个不同的步骤:最重要的是,将使用大多数主要军舰上可使用的临时补块/堵头,行使与整体结构有关的常规修补/封堵程序,减少面临的进水/沉没危险。与混合结构的金属、异质或单一复合材料部分相关的板状或异形补片可以分别焊接到金属区域,或用螺栓/螺钉固定。此外,除了特别指定的补块和堵头,还可以临时使用床垫和枕头等。

临时修补之后,下一步是对在役的受损混合结构实施永久修复。

总的来说,设想的损伤可能包括复合材料与金属脱粘、复合材料层压板分层、复合材料断裂或异质连接组件穿孔。这类损伤可能表现为不连续的损伤或各种损伤模式的组合。根据造成的损坏及其严重程度,选择适当的维修方案。所有的修补工艺都使用通用材料加工步骤,与单纯的复合材料结构的加工步骤类似。这些措施包括:

· 评估后天性的损伤程度;
· 移除受损材料,同时对复合材料铺层进行修补;
· 接触面保持清洁和干燥;
· 放置浸有聚合物树脂的新纤维材料,以补偿损失;
· 用木螺钉或贯穿螺栓/铆钉紧固被修复的连接部件;
· 固化树脂,保持维修区域空气干燥。

对于严重受损的混合结构,修复可能需要额外的处理步骤,包括:

· 延长一个金属搭接板;
· 清洁并给该搭接板的接触面打底;
· 放置纤维预制件及干式或湿式预浸料(prepreg);
· 安装另一块金属搭接板,将接触面适当清洁和打底,然后进行最后三个如上所述的通用维修方案步骤。

我们认为,以上修补工艺很实用,能完全恢复受损的 Comeld-2 混合结构,或至少能提供持久修复。同时,在一定程度上,在服役期间修复的混合接头承载能力可能会降低,但这应是可理解和可接受的。这种宽容态度很合理,因为正在修复的混合接头不需在船舶最初确定的整个寿命期服役,仅需在剩余服役期内保持完好。或者,在下一次船舶停靠时,混合接头可进行必要的完全修复。

虽然在服役期间修复的混合接头承载能力可能会轻微下降,但这应是可以接受的,因为修复的接头不需服役完船舶的整个寿命期,仅需在剩余服役期内保持完好。或者,在下一次船舶停靠时,混合接头可进行必要的完全修复。

先进行修复试验,再进行修复后机械测试,验证所设计修补工艺的可行性,并通过试验比较原始和修复后的 Comeld-2 试样的承载能力,评估这两种试样的充分性。特地对两种代表性接头试样进行了修复,并对它们进行了相应的第二次修复后测试至失效。这两种接头试样都在初始破坏性静态面内拉伸和横向冲击测试后获得了不同的失效模式。

对在拉伸载荷下失效的接头样品进行打磨、清洁,进行二次黏合,磨光受损的钉子。然后,采用最初用于接头制作的相同树脂黏合准备好的部件并用螺栓连接。Khodorkovsky 等(2009)文献给出的照片展示了由第一轮试验产生的最初损坏试验品,以及那些经过修复并准备进行修复后测试的试验品图像。

第二轮修复后测试也是在美国海军学院进行的。正如 Mouring(2010)文献中提到,承受拉伸载荷的试样在线性力 $F_U = 1\ 870$ kN/m 下失效,失效发生在试样的夹持处,超出了修复材料过渡区。这意味着被修复的 Comeld-2 试样的实际极限强度不低于试验定义值,而试验定义值被认为是修复后的 Comeld-2 承载阈值。Comeld-2 试样的实际极限强度比它的初始强度($F_U = 2\ 855$ kN/m)低 34%,与上述给定配置有关。显然,这个低阈值令人满意,因为在役维修无须提供全面结构维修服务。

由于附加金属板(用于修复接受初始冲击测试的试样)重叠,预计样品对横向冲击载荷的抵抗力会大大增加。如 Mouring(2010)文献中所述,这一预计成真,因为所采用的 Instron Dynatup 9250HV 冲击测试系统的能力不足以对修复试样造成任何损伤。

总的来说,所进行的研究验证了 Comeld-2 的可修复性,符合上述主要修补工艺,结果令人信服。

4.4 初步分析优化

Comeld-2 的两个主要特征,即带凸起钉的复合材料零件横向加固和金属双搭接配置,已经被证明是有用的,与普通的单一结构(无论是金属还是复合材料)相比,Comeld-2 在横向弯曲下具有更卓越的承载能力。虽然对大多数船体结构而言,载荷工况是主要的影响因素,但载荷工况并不影响 Comeld-2 的性能发挥。因此,在混合接头常用的材料过渡结构中,复合材料零件的厚度无须增加。这样的设计简化可避免对复合材料零件进行局部定制,而定制就会增加人工和附加成本。

基本上,即使 Comeld-2 中的 PMC 部分相较于相邻的普通复合板厚度(和层数)有所减少,也符合规定的设计和操作要求,然而,尽管可能有轻微的过度设计,但保持复合材料层(厚度)不变,与相邻的单一材料面板持平,是合理的且应被接受。这样做可以减少相关人工操作的强度,增加安全系数,考虑到混合接头的结构复杂性增加,这样做是值得的。

相较于相邻普通复合板的厚度(和层数),虽然减少 Comeld-2 中 PMC 部分的厚度(和层数)可以满足设计和操作的要求,但保持 PMC 部分不变是合理的且应被接受,这样做可以减少相关人工操作的强度,增加安全系数,考虑到混合接头的结构复杂性增加,这样做是值得的。

这样做从整体而言是有利的，但 Comeld-2 的一些设计参数需要改进，以减少不完善之处，并尽量减少初步研究中揭示的结构特点的不利方面，使 Comeld-2 的结构性能最大化。与船体的所有结构部件一样，材料过渡结构，尤其是 Comeld-2 混合接头，需要适当的结构分析和强度调节，从而确保设计稳健、可验证。

事实上，对于必要的混合式船体结构的结构分析和设计强度调节，船体设计的常规分析程序并不足以支撑。由于异质混合体与传统单一材料结构之间有一定区别，且几个相关实例本身具有不确定性，所以存在方法学缺陷。有关 Comeld-2 的不确定因素主要涉及凸起销钉和金属与复合材料交界面的黏合膜，它们一个几何结构复杂，一个力学性能模糊。

考虑到这些因素，即便有限元软件再精密，能够准确描述三维非线性异质正交有限元模型的结构特性，在这种情况下也不那么有效。

因缺乏对 Comeld-2 及其结构特性的分析性表述，结构设计分析程序中计算机精确仿真的效率明显降低了。因此，在持续验证 Comeld-2 鲁棒性和设计优化的过程中，具备合理精度的简化数学模型，可能比复杂模型更有成效。

对应于预期的失效模式，已建立并运行一些简化数学模型，包括由初始力学测试失效导致的那些模型。初始力学测试故障包括：

(a)复合材料层压板在材料过渡边缘被销钉削弱后断裂；

(b)复合材料与金属交界面分裂，以及销钉剪切或塑性弯曲；

(c)钉插区域以外复合材料层压板层间剪切；

(d)复合材料与金属交界面上的黏合失效/内聚破坏，以及复合材料被直立销钉剪切；

(e)金属搭接板断裂；

(f)材料过渡区外的金属中段板和搭接板之间的焊缝圆角破裂；

(g)金属中段板和扩展板之间的焊缝破裂；

(h)金属搭板从复合材料中段板向外弯曲并撕裂。

图 4.3 中的草图显示了这些潜在的失效模式，虚线表示与每个设想模式相关的预期裂纹扩展。

假定这些情况中的任何一种都可能在特定连接部件内部产生的应力强度的竞争中发生，且每种情况都可能导致承受面内负载的接头整体失效。

请注意，尽管“g”模式与传统的金属对金属焊缝的失效有关，但它在这里与其他设想的失效选项一起呈现，反映将最薄弱的环节置于材料过渡区之外来设计 Comeld-2 的机会。显然，这样的设计策略对于真正的结构来说或许更可取，可避免混合接头在过度意外或战斗载荷下损坏。如前所述，尽管 Comeld-2 在服役期间可以很好地被修复，但与修复单一材料结构相比，修复 Comeld-2 双材料/多材料结构将更为耗力。因此，应该避免出现这种情况。

假设与第 i 个载荷类别相关的极限力 F_{Ui} 足以导致相应模式的连接失效。因此

$$F_{Ui} = \min\{F_{ij}\} \tag{4.5}$$

F_{ij} 是代表能够引起第 j 种失效模式的第 i 种载荷类别的局部极限力。为精确定义局部极限力 F_{ij}，对应着一组给定的接头设计参数、使用的材料属性以及可用的试验和计算数据，建立了以下分析模型。所提出模型中使用的接头设计参数与显示 Comeld-2 布局的图 4.1 中的符号相对应。

为了填补输入信息的空白，我们做出了两个假设。第一个假设是，由于采用了基于 VIP

的制造工艺,可以认为黏接层的厚度和性能变化微不足道,这避免了装配问题并最大限度地减少了其对接头性能的影响。第二个假设是将销钉形状近似为理想圆柱体,这对于所进行的工程估算而言似乎也是可接受的。

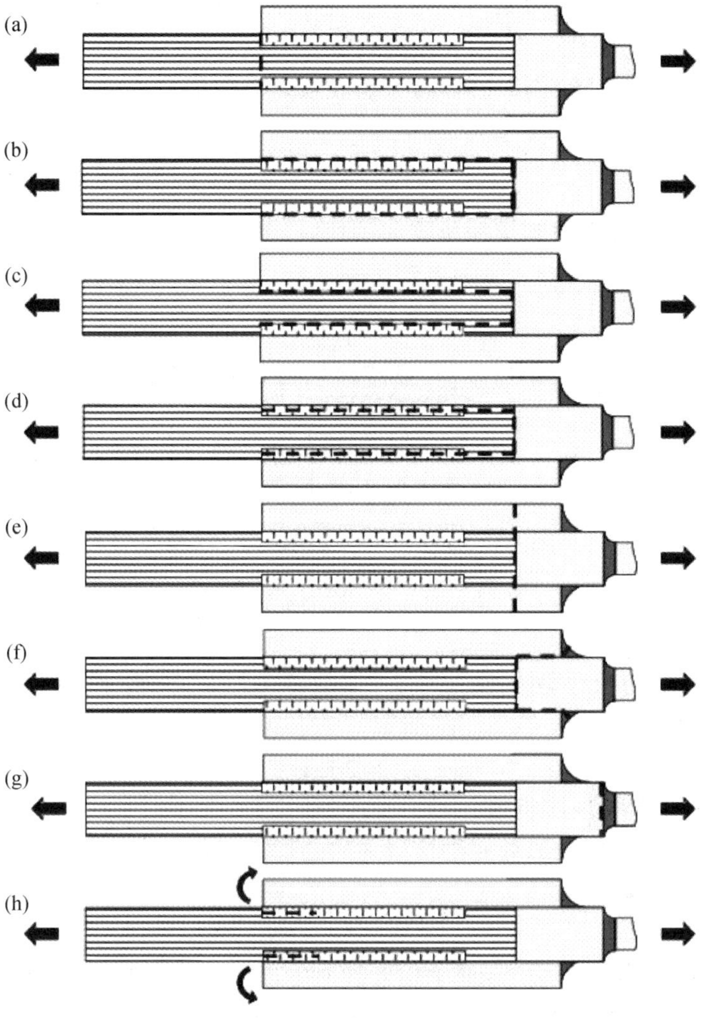

图 4.3 预期的失效模式

注:经 SAMPE 许可,转载自 Shkolnikov 等(2011)。

以下表达式定义了每个接头范围的部分线性力的极限值,而这种接头范围与给定的各种设想失效模式有关:

(a)复合材料层压板在材料过渡边缘被销钉削弱后断裂:

$$F_a = c_1 \sigma_{tc} \left(t - 2\frac{hd}{s_1} \right) \tag{4.6}$$

式中,σ_{tc} 是复合材料零件在拉力 F_a 作用下的抗拉强度;c_1 是校正系数,反映了销钉插入附近的复合材料中段板的应力集中和销钉的实际非理想圆柱形应力集中的影响。

(b)复合材料-金属交界面分裂以及销钉剪切或塑性弯曲:

$$F_b = 2\frac{\tau_a}{\tilde{\tau}_{am}}b_p\left[\frac{b_a}{b_p} - \frac{\pi d^2}{4s_b s_1}\left(1 - c_2\frac{\tau_m}{\tau_a}\frac{G_m}{G_a}\right)\right] \tag{4.7}$$

式中，τ_a、G_a 分别是黏合膜的剪切强度和模量；τ_m、G_m 分别是与金属搭接板有关的剪切强度和模量；c_2 是销钉底座处的应力集中系数；$\tilde{\tau}_{am}$ 是黏合处的无量纲剪切应力的峰值，而对于相关的测试数据，它是双搭接的普通胶接的峰值。

与普通双搭接胶接失效/内聚破坏有关的极限力应该是

$$F_{ba} = 2\frac{\tau_a}{\tilde{\tau}_{am}}b_a \tag{4.8}$$

(c)钉插区域以外复合材料层压板层间剪切：

$$F_c = 2\frac{\tau_d}{\tilde{\tau}_{am}}c_3 b_a \tag{4.9}$$

式中，τ_d 是复合材料的层间剪切强度；c_3 是反映通过复合材料层板厚度的剪切应力分布不规则性的系数，近似为

$$c_3 = 0.8\left[3\left(\frac{h}{t}\right)^2 + 1\right] \tag{4.10}$$

(d)复合材料-金属交界面上的黏合失效/内聚破坏，以及复合材料被直立销钉剪切：

$$F_d = 2\frac{\tau_c}{\tilde{\tau}_{am}}b_p\left[\frac{b_a}{b_p} - \frac{\pi d^2}{4s_b s_1}\left(1 - \frac{\sigma_{cb}}{\tau_c}\frac{E_{cb}}{G_c}\right)\right] \tag{4.11}$$

式中，σ_{cb} 是复合材料的承载强度。

(e)金属搭接板断裂；

$$F_e = 2\sigma_m t_p \tag{4.12}$$

式中，σ_m 是搭接板的拉伸屈服强度。

(f)材料过渡外的金属中段板和搭接板之间的焊缝圆角破裂；

$$F_f = 2\left(c_4\sigma_{me}t_p + \tau_a\frac{G_a}{E_m}b_a\right) \tag{4.13}$$

式中，c_4 是击穿系数，反映了由于焊缝未熔合区域的缺口效应导致的材料强度降低，大概是降低了材料在圆角根部的质量；σ_{me} 是电极分类号(拉伸屈服强度)；τ_a 是黏合膜的剪切强度；G_a 是黏合膜的剪切模量；E_m 是金属的杨氏模量。

(g)金属中段板和扩展板之间的焊缝破裂：

$$F_g = c_4\sigma_{mb}t_e \tag{4.14}$$

(h)金属搭接板从复合材料中段板向外弯曲并撕裂：

由于施加在两块金属搭接板上的力存在一定偏心，产生了施加在每块搭接板上的弯矩，出现了 h 失效模式。

$$M_o = \frac{F_h t_p}{4} \tag{4.15}$$

搭接板的设想弯曲在材料过渡区的复合层压板和胶黏剂中都产生横向张力，随着销钉从复合材料中段板中拉出，可能导致层压板分层或胶黏剂脱粘。这意味着，当这种失效模式出现时，所有的连接部件都参与了有效承重，这被认为是实现了 Comeld-2 优化中所追求

的结构性能的最佳实例。需注意,因为凸起销完全融入复合材料,且金属与复合材料紧密接触,所以所有连接部件都有可能参与有效承重。

最初,h 失效模式取自第 4.1 节中所述的有限元仿真。然而,在初始 Comeld-2 测试的结果中没有观察到这种模式。显然,这是由于在发展的那个阶段,金属凸起与复合材料并未完全融合。

由于缺乏相关的试验数据,在报告的 Comeld-2 初步分析优化中,省略了 h 失效模式。相反,在优化的 Comeld-2 中确实表现出了 h 失效模式。事实上,h 失效模式在优化的 Comeld-2 后续测试中占主要地位,这一点将在下文第 4.5 节中深度报告。

所有其他的失效模式和相关表达式(4.6)~式(4.14)已经被用来描述性能,并为 Comeld-2 设计提供初步的分析优化。为做到这一点,如上文所述,将两组接头试样、黏接钉和外观相同的普通胶接接头在初始测试中得出的相关数据输入表达式(4.6)~式(4.14)。

向给定分析模型提供数据的另一个数据源是接头内所用材料的力学性能。表 4.1 列出了这些数据,包括特定钢合金的属性,美国海军学院提供的复合材料测试结果(Mouring, 2009),以及基于一些现实的假设,与分析所需的所有其他材料属性有关的估计值。

表 4.1 估计的力学性能

材料	强度/MPa			弹性模量/GPa		
	拉力	承载力	剪应力	法向	切向	泊松比
复合材料[a]	323	345	124	20.7	8.0	0.29
黏合膜			107		0.70	0.4
母材	448		262	207	83	0.3
焊缝金属	483		383	207	83	0.3

注:改编自 Khodorkovsky 等(2010)。
a 贯穿连接线的属性。

与初始 Comeld-2 设计有关的接头尺寸参数总结如下,且与图 4.1 中 Comeld-2 布局的符号相对应:

· 横跨接头板块尺寸:

$b_a = 102$ mm; $b_p = 76$ mm; $b_o = 76$ mm

· 板厚:

$t = 13$ mm; $t_p = 6.4$ mm; $t_e = 11$ mm

· 销钉尺寸:

$d_p = 0.5$ mm; $h = 3.0$ mm; $s_b = 3.7$ mm; $s_l = 5.0$ mm

还使用了从相关的封闭式解法和数值有限元仿真中获得的计算数据。沿黏接线的剪切应力分布的所需参数取自第 3.2 节中提出的 Volkersen 数学模型。

通过将与仅胶接(F_{bo})和黏接钉(F_b)接头相关的剪切应力$\tilde{\tau}_{am}$和极限载荷的已知值代入式(4.7)和式(4.8)来定义调整系数 c_2,c_1 和 c_3 一起设定,匹配通过试验确定的极限力故障模式。

因此,这些系数的值分别为:$c_1 = 0.91$;$c_2 = 0.213$;$c_3 = 0.93$。假定用于描述金属焊缝处

的应力集中的系数 $c_4=0.71$。

基于上述算法和相关参数的估计值进行了一些计算试验，以评估钉尺寸对 Comeld-2 性能的影响，并在不影响接头制造可行性的情况下，为提高接头的承载能力提供分析依据。

考虑到可能的失效模式多样性，使用式(4.6)~式(4.14)、给定的接头设计参数，以及 $0 \leqslant d_p \leqslant 1.0$ mm 范围内的销钉直径变化。

可以看出，在不止一种失效模式中，销钉的直径对接头的性能有重要影响。其他销钉和接头参数作为整体表现出类似的效果，意味着可能出现矛盾的性能结果，即与不同的失效模式相关的局部极限力同时减少或增加。

例如，随着销钉扩大，接头的抗剪切性(与 b 模式有关)得到改善，而层压板在钉接区域的抗断裂性(表示为 a 模式)则降低，虽然不明显。

同样，随着销钉高度增加，复合层压板在销钉尖端层对层间剪切的抵抗力(对应于 c 模式)增加，而接头对 a 模式的抗失效力则受到损伤。

复合材料层压板厚度增加，提高了 a 模式中的接头性能，但接头与 b、c 和 d 模式相关的性能却下降了。

搭接板增厚，改善了大多数设想的失效模式中的接头性能，但 g 模式中的接头性能保持不变。然而，这种接头性能的改善与质量大幅增加有关，与厚度增加成正比，相应地降低了接头结构的质量效率。扩展金属重叠部分带来了类似的矛盾结果。

图 4.4 中代表各种失效模式的大部分线条都是紧密结合的。然而，通过改变设计来控制接头的失效模式和可能损坏的位置似乎可行。对于真实的结构而言，易受损区域应该是在异质材料过渡区之外，在相邻的单一材料结构之内。

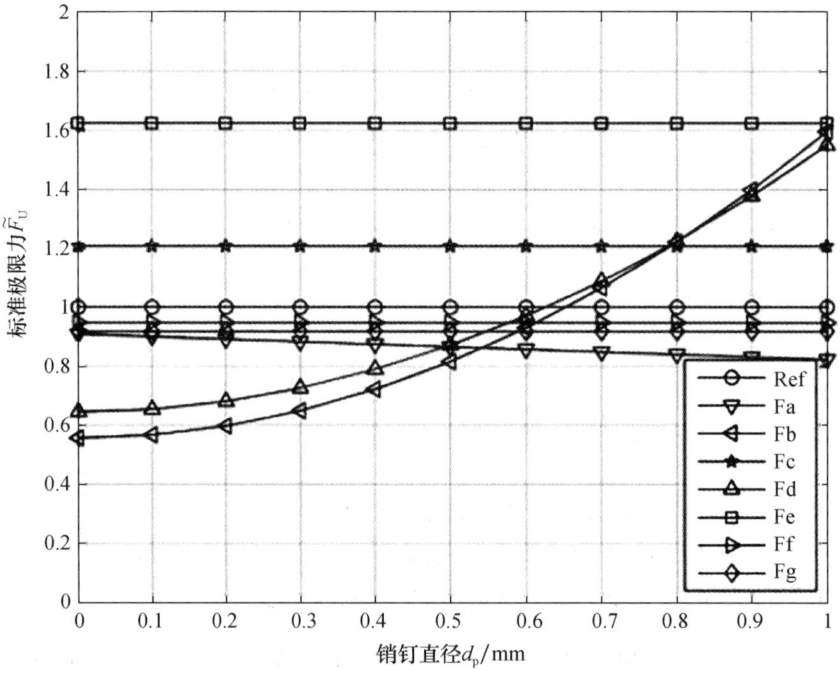

图 4.4 极限力与销钉直径的关系

注：本图片经 SAMPE 授权，转载自 Shkolnikov 等(2011)。

按照这些策略,混合接头的最薄弱环节可以而且应该位于异质材料过渡区之外,比如金属焊缝处。这个环节与 g 模式有关,且在服役过程中容易修复。

与此相反,应该选择一个或几个与接头结构的异质部分有关的同时发生的失效模式,代表接头在试验载荷下的极限状态。

> 在真实结构中,混合接头的最薄弱环节应该位于异质材料过渡区之外,在相邻的单一材料结构之内。应该选择一个或几个与接头结构的异质部分有关的同时发生的失效模式,代表接头在试验载荷下的极限状态。

图 4.5 反映了极限平面内拉力 F_U 的积分值的计算数据,从而可以根据设计参数,特别是销钉直径,全面评估 Comeld-2 的性能。

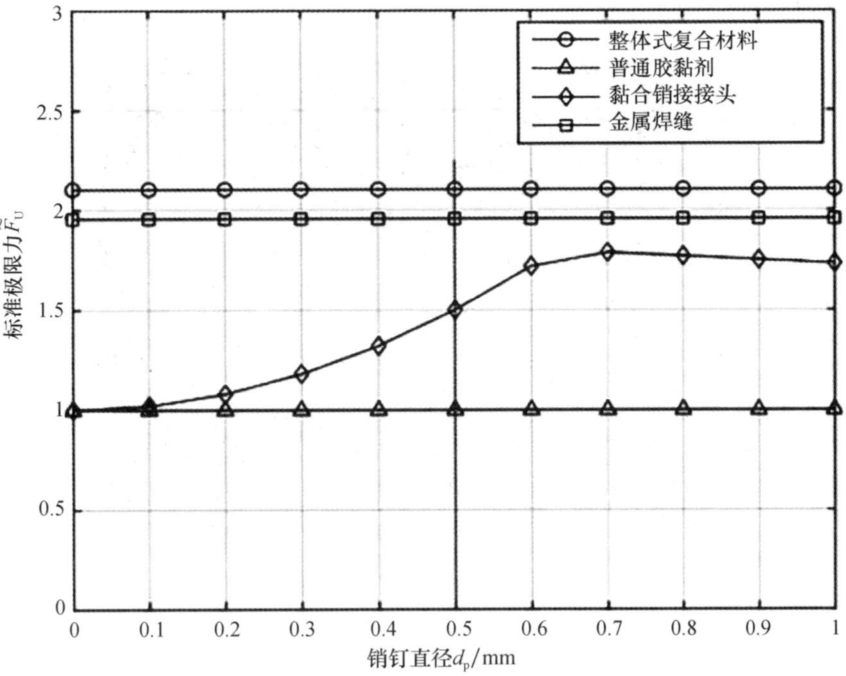

图 4.5 Comeld-2 总体性能评估

注:改编自 Khodorkovsky 等 (2010)。

该图包含与其他基本材料和接头设计方案有关的极限拉力:从接头的复合材料中间板延伸出来的整体复合材料板、对应 g 失效模式的金属焊缝接头,以及普通胶黏剂。同时,这些计算数据显示了根据销钉直径确定的 Comeld-2 接头的相对承载能力。

可以看出,适度扩大突出销,Comeld-2 初始测试中的直径 $d_p = 0.5$ mm 增为 $d_p = 0.7$ mm,从而使承载能力从 $F_U = 2\ 850$ kN/m 显著地增长到 $F_U = 3\ 500$ kN/m,增幅约为 20%。

虽然这个结果看起来不错,但应该记住的是,如果销尺寸过大,会损伤 Comeld-2 的两个重要特征,即销在复合材料板内的充分融合,以及销与金属搭接板接触基面的紧密接触。

类似的矛盾情况会随着销钉间距的变化而出现。为了消除这些矛盾情况,需谨慎平衡销钉的形状、尺寸与复合材料中段板可渗透性之间的关系。最终,如上文所强调,有利于这种平衡的设计将使 Comeld-2 的结构性能最大化。

总的来说,执行的计算结果表明,在初步研究中实施的初选凸起销的尺寸,与目标 Comeld-2 最优配置中的销钉尺寸相当接近。如图 4.5 所示,虽然可能稍微加强销钉的连接,但这样做不会显著提高接头的结构性能。具体来说,销钉直径 $d_p=0.65$ mm 似乎是保持所需平衡的极限值。因此,需要采用其他措施,如钉形,来进一步优化 Comeld-2。

图 4.1 和图 4.2 所示凸起销钉的最初设想实例基本上由两个主要部分组成,一个几乎为圆柱形的主体和一个几乎为实心的锥形底座。正如制造试验所证明的那样,锥形底座明显阻碍销钉穿透到紧密复合材料层板中。为了缓解这种情况,并确保销钉在复合材料层压板中充分融合,需修改销钉底座的形状。

为满足这一需求,选择了微小的径向侧扶强材,如图 4.6 中显示的(Dance et al. ,2010)专利示例性可行模式中所展示的那些,来代替实心锥底作为销钉配置的有前景的选择。

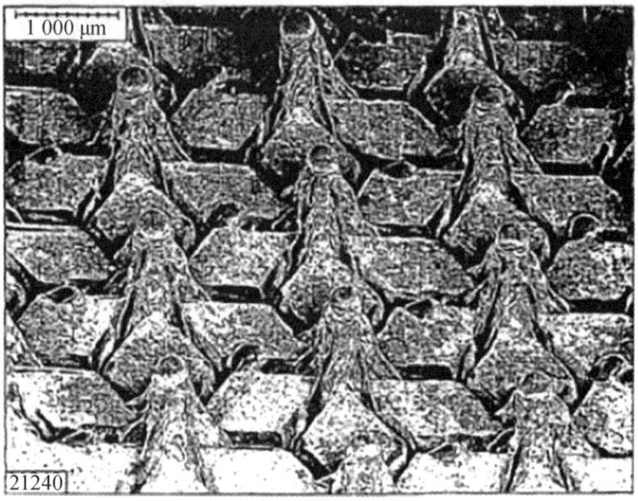

图 4.6　修改后的销钉配置

注:引自 Dance 等 (2010)。

所设想的带有径向侧扶强材的销钉,虽然强度和刚度都可控,但比那些带有近乎实心锥底的销钉有更好的穿透性,能让扩大的销钉与复合材料完全接合,从而提高整个接头的承载能力。

> 带有径向侧扶强材的销钉,虽然强度和刚度可控,但比带有实心锥底的销钉有更好的穿透性,能让扩大的销钉与复合材料完全接合,从而提高整个接头的承载能力。

总的来说,所进行的初步分析研究贡献了相当有价值的定性和定量输入,使我们了解了不同设计特征相互作用的特点,进一步提高了 Comeld-2 的结构性能。在此基础上,开发了 Comeld-2 后,我们将先进的混合连接技术集中用于预期的改变销钉形状以及升级后的 Comeld-2 机械环境测试的有关材料加工中,旨在取得适当进展,目标是选择优化的“最优”配置。

4.5 材料加工

首先进行了两轮制造试验。第一轮试验调整电子束工艺，使它产生带侧向刚性销钉的凸起模式。另一轮试验使用所选择的凸起方案作为销钉尺寸变化的基础，并验证这些销钉在使用复合材料中段板的层压板中的融合性，目标是在不影响层压板穿透性的情况下使销钉尺寸最大化。

4.5.1 突出试验

为验证所设计的突出模式用于相关 EH-36 船用低合金钢(ASTM A945 65 级)的可行性，我们进行了几次电子束突出试验。试验产生了分别与 2,4,6 腿支撑相关的 1,2,3 叉钉模式，包括图 4.6 中所示类似的模式，这些模式与专利中进一步规定要寻找的销钉配置相当接近(Shkolnikov,2013)。在意识到使用凸起模式可行后，我们提出了几个具体目标来优化凸起模式，最大限度地提高销钉对侧向负载的抗力，这对 Comeld-2 接头的结构性能至关重要：

(1)进一步扩大销钉底座和高度尺寸。

(2)利用 3 叉模式获得均匀分布的 6 扶强材(腿)支撑，我们相信它在结构和渗透性方面优于其他 1 叉和 2 叉方案。

(3)保持金属搭接板上的空腔并提供销钉材料，这些钉材料插入相对较浅，无损搭接板。

(4)将 3 叉钉的其中一个叉横放在搭接板上，最大限度地提高销钉的弯曲刚度，从而克服施加在接头上的最有效力。

为与目标保持一致，我们设定了主销钉模式的主要尺寸，这些尺寸对应于图 4.1 的符号，即：

· 沿着接头的间距 $s_l = 5.1$ mm;

· 横跨接头的间距 $s_b = 7.6$ mm;

· 销钉直径 $d_p = 0.5$ mm;

· 销钉高度 $h = 3.0$ mm;

· 腿跨度 $d_l = 2.0$ mm;

· 腿高度 $h_l = 2.25$ mm。

从拉挤试验中获得的结果在很大程度上与销钉几何的指定参数相一致。

4.5.2 搭接板制作

几块长×宽×厚＝584 mm×305 mm×6.35 mm 的空白金属搭接板以选定的模式凸起，然后与复合材料铺层结合，形成混合板。为满足用于电子束金属凸起的真空压力舱的容量，选择了 584 mm 长的金属板。

横跨带板的凸起面积范围值为 $b_p = 102$ mm，使用复合材料的整个接触面积的凸起面积范围值为 $b_a = 152$ mm，因为在最初的有限元仿真中发现这些数值已经足以保障接头结构性能有效。

实施凸起时，检查金属板的平整度和所产生的凸起是否符合规定参数。主要采用的是公差等级 IT16（ISO 286）。

在进行质量检查时，发现了两类缺陷。一类缺陷是因单面高温电子束处理造成热变形而导致凸起的搭接板轻微翘起。我们注意到，在搭接板的长度 $L=584$ mm 的情况下，最大挠度 $w_{max}\approx 2.5$ mm。另一类缺陷表现为凸起销钉存在几处局部缺损。很明显，存在缺陷的搭接板和凸起销钉的尺寸都超出了规定的尺寸公差，需加以纠正，避免对连接性能产生明显的不利影响。

为做到这一点，搭接板与复合材料层压板结合时，使用机械夹压平翘起的搭接板。同时，在搭接板的偶数侧标记出缺陷凸起的点，从而在金属与复合材料结合后确定受影响的接头试样，并将这些试样从成型的混合板上依次切割下来，从接头试样群中排除。

在与复合材料结合之前，我们还完成了凸起搭接板的其他准备步骤。这些步骤包括用中等大小的砂砾对搭接板喷砂；用空气吹去多余砂砾；用甲醇冲洗，清除所有污染物；用 ITW 普莱克斯公司（ITW Plexus）提供的 PC-120 面剂打底。按照普莱克斯公司指示，用 25 mm 的刷子轻轻擦拭底漆，然后涂抹在所有金属表面，直至获得红色的覆盖物，证明涂抹的底漆足够了。

4.5.3 复合材料加工试验

在制作试样之前，进行第二轮混合板加工制造试验，调整纤维铺层内的树脂稠度和分布；获取正在加工的复合材料中间板的必要厚度；检查凸起销钉在纤维铺层的渗透性；根据修改后的 VIP 工艺，验证同时形成复合材料层压板并与成对金属搭接板结合的可行性。

如前所述，在初步研究的框架内，复合材料中段板包括一个对称且平衡的铺层，该铺层由 20 层用作纤维铺层基础部分的 E-Glass（24-oz，CWR2400，5×4 编织）织物组成。通过板材来改变织物方向（0°；45°；90°；-45°），让织物均匀分布在层压板层上，方向改变为：1/4；1/4；1/4；1/4。

此外，在铺层基础部分的外部和中部铺设了几层毡。外部层是为了实现双重功能，通过使用富含树脂的毡层来增强层压板对水渗透到金属复合材料交界面的抗力，并使凸起销钉更容易渗透到纤维材料层中。铺层中点的毡厚度要符合金属中段板的设计厚度，即 12.7 mm。

用亚什兰（Derakane 8084）VE 基树脂配方制造所有的混合板：2%（质量）的 MEKP 固化剂和 0.2%（质量）的 CoNap 配方，凝胶时间略高于 2 h。这样足以将树脂完全注入混合板。所有正在加工的复合/混合板都在 71 ℃的烘箱中经历了 6 h 的后固化。

对上述 VIP 工艺进行了修改，为使用带修改正凸起模式的金属搭接板制造 Comeld-2 混合板，提供了适当的基础。

4.5.4 混合板加工

我们采用修改后的 VIP 工艺，制作了两批外观相同的接头试样。其中一批是 Comeld-2 黏接钉接头，另一批是用作基准的普通胶接的接头。制造 6 块面内长×宽 = 584 mm×457 mm 的混合板，并使用水刀将这些混合板分割成 63.5 mm 宽的试样。

为进行对比测试，制作 5 个配置不同的 Comeld-2 接头试样和一个使用基准普通胶黏剂的样品,它们的各种设计特点与顶端的销钉尺寸、复合材料铺层以及金属搭接板形状有关。用代码表示与 5 个 Comeld-2 配置有关的试样:“1-Aaα”;“2-Baα”;“3-Caα”;“4-Bbα”;“5-Baβ”。基准普通胶黏剂样品用“6-aα”表示。

Comeld-2 相关代码的第一个指标表示与不同凸起模式的关联,即“A”“B”或“C”。钉高度所体现的区别各不相同,$h=2.6$ mm、3.0 mm 和 3.4 mm 分别对应 A、B、C 模式。钉腿的跨度和高度也相对应变化:$d_1=\frac{2}{3}h$;$h_1=\frac{3}{4}h$。

对于所有探索的凸起模式而言,所有其他销钉尺寸都相同。具体来说,这些尺寸包括销钉的直径和间距,对应于图 4.1 中 Comeld-2 铺层的符号,分别是:$d_p=0.5$ mm;$s_1=5.1$ mm;和 $s_b=7.6$ mm。

代码的第二个指标表示复合材料中间板的铺层。铺层“a”代表层压板,该层压板外部层有 10 oz 织物毡(铺层每侧一块),中点处有两层毡。铺层“b”与铺层“a”的织物和毡层相同,这些都设置在外部,铺层的每一侧都有一种织物和一个毡层。如第 4.5.3 节所述,两种铺层方式的基本部分相同。

第三个指标表示搭接板边缘形状的区别。形状选项“α”表示钝尖,而选项“β”表示 1.3 mm×5.1 mm 的后斜面,后斜面中注入了 PMC,这种材料被认为有助于缓解金属尖端区域的应力集中。

请注意,尽管按照初步研究中的方法,用搭接板搭接复合材料中段板时,搭接板会逐渐缩减,这确实有助于降低金属尖端区域的峰值应力,但正如预期所料,此处提供的用于对比测试的接头试样没有缩减。其原因很实际。首先,这样做是为了有机会在金属搭接板尖端附近插入相对较大的销钉,从而弄清这些钉是否对改善接头性能有用。另一个原因是通过消除金属板的机械加工来降低制造成本,但这样做对比较测试来说不必要。还有一个原因是出于一种假设,如果真正的接头,至少是用于船体外壳的接头,需要定制,从而精简船体的外表面,那么通用试样设计中不应采用这种接头形状。

由于搭接板形状简化导致初始获得的承载能力出现明显偏离,所有从对比测试中得出的强度值和初始可行性研究的强度值不兼容。正因如此,5 种 Comeld-2 配置的对比测试的极限强度数据,与配置 6-aα 的数据也相关,代表了普通胶接的新参考标准。

4.6 最优选项

为选择 Comeld-2 设计的最佳方案,我们对 5 种 Comeld-2 配置进行了比较测试。测试之后,进一步完善了能够反映升级后接头设计的独特结构特性的分析模型。

4.6.1 对比测试

在室温下进行接头试样的静态面内拉伸测试至失效,采用 Instron 公司的伺服控制、液压驱动的闭环试验框架,该框架配备 50 t 的载荷传感器和楔形夹具。

试验加载时,同时测定时间、位移和载荷,目标速率与试验加载到试样失效的 100-s 相对应。试验加载的实际速率根据试样的不同,在相对宽的范围内变化,对应于加载到试样失效的 71-s 至 215-s,试图接近 100-s 标准。

为了缓和速率变化的影响,并提供水平比较基础,改进实际的极限载荷数据,与 100-s

标准相对应。这一改进过程用到了"主曲线"概念(Miyano et al.,2005;Kegel et al.,1972;Shkolnikov,1995)。这种分析技术意味着 PMC 的力学性能和退化都一致依赖于载荷作用长度,通过应用表达式,确定对应于恒定速率负载的标准规范的极限强度值 S_s。

$$S_s = \frac{S}{k_U} \tag{4.16}$$

式中,S 是以真实速率在试验加载终点处确定的实际极限强度;k_U 是速率调整系数。

$$k_U = 1 - \frac{\ln(\widetilde{\vartheta})}{\alpha_0 - 1} \tag{4.17}$$

式中,$\widetilde{\vartheta}$ 代表实际加载长度 ϑ 与标准加载周期 ϑ_s 之比,即 $\vartheta_s = 100$ s;α_0 为无量纲参数,表征特定 PMC 组件的时间依赖性能。用普通黏合的混合接头进行初步疲劳测试,使用测试中得出的数值,即 $\alpha_0 = 32.5$,调整极限强度值。更多分析技术的依据和细节见第 5 章。

如预期所料,Comeld-2 黏接钉接头的承载能力大大超过了外观相同的普通胶接接头的承载能力。Comeld-2 设计中最好的部分是主配置 1-Aaα,具有适度的销钉尺寸,且没有将任何附加设计特征纳入其他测试的 Comeld-2 选项中。配置 1-Aaα 相关的极限力为 $F_U = 2.57 \pm 0.28$ MN/m vs $F_U = 1.08 \pm 0.19$ MN/m,与基准普通胶接的配置 6-aα 相比,显示出 2.38 倍的性能优势,而在早期的初步研究,这个优势差是 1.48 倍。

其他测试的 Comeld-2 配置,增加了可选设计特性,我们认为这些特性能够提供一些性能增益,虽然 Comeld-2 配置性能原本就比基准性能强得多,但它表现出的结构效率比主要配置 1-Aaα 表现出的结构效率低,而与基准接头性能相比,倍数差范围为 1.7~2.24。

如同第 4.1 节中讨论的最初一轮测试结果一样,混合胶黏剂-内聚模式表示黏合失效。然而,销钉的最终性能与之前经验中的表现有很大不同。与此相反,当金属钉在极限拉伸力下塑性弯曲或剪断时,新使用的凸起模式钉与复合材料中段板分离,在所有接头载荷下保持直立、完整,直到其失效。

新获得的失效模式有个更明显的特征,即搭接板弯曲出复合材料中段板,然后在极限应用载荷下将搭接板拉离出搭接板交界面。基本上,新获得的失效模式体现了第 4.1 节中介绍的有限元分析的早期预测结果。

这一点在第 4.4 节中描述的指标 h 下的预期失效模式列表中有所提及。

图 4.7 展示了失效动态的最后阶段,阐释了新观察到的失效模式。

显然,修改后的凸起模式是导致我们注意到失效模式转变的主要原因。同时,销钉扩大得似乎略显过分。虽然扩大销钉能够增强销钉的性能,但这一行为干扰了金属与复合材料交界面的紧密性,从而明显影响了黏接性能。

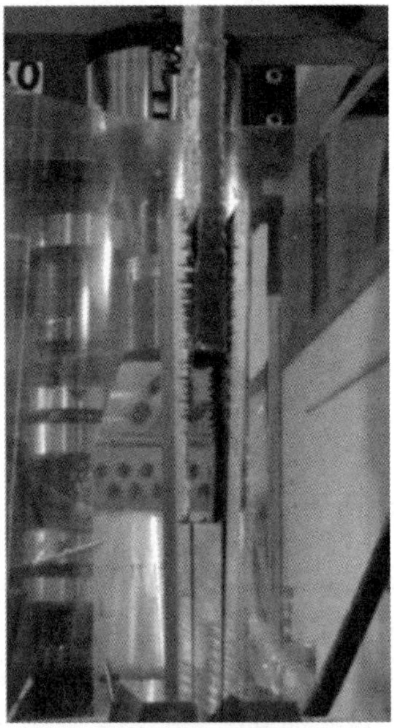

图 4.7　拉伸试验的最后阶段

注:引自 Khodorkovsky 等(2010)。

因此,考虑到可制造性和结构效率的所有重要方面,最简单的配置 1-Aaα 似乎是随后 Comeld-2 最优选项设计定稿的正确选择。

4.6.2 升级后的分析模型

采用新突出模式的 Comeld-2 呈现出独特的 h 失效模式,这一模式需要建立一个除第 4.4 节中已经介绍的各种模型之外的分析模型。选择将搭接板作为弹性基础的半无限梁,其自由端(尖端)加载集中弯矩 M_0,用于描述接头结构特性,与对比试验结果类似。

可以设想,弯矩 M_0 是由复合材料中段板通过它与金属搭接板之间的交界面传递给金属搭接板的拉力 F_h 形成的,如式(4.15)所示。根据 Roark 等(1975)应力应变公式手册,所选模型在距离板边缘 x 处的弯曲特性包括:

· 横向剪切力:

$$V = -M_0\beta\exp(-\beta x)\sin\beta x \tag{4.18}$$

· 弯矩:

$$M = M_0\exp(-\beta x)(\sin\beta x + \cos\beta x) \tag{4.19}$$

· 坡度:

$$\theta = -\frac{M_0}{EI\beta}\exp(-\beta x)\cos\beta x \tag{4.20}$$

· 挠度:

$$\gamma = -\frac{M_0}{2EI\beta^2}\exp(-\beta x)(\sin\beta x - \cos\beta x) \tag{4.21}$$

· 基础刚度:

$$\beta = \left(\frac{lk_0}{4EI}\right)^{\frac{1}{4}} \tag{4.22}$$

· 基础模量:

$$k_0 = 2\frac{E_c}{c_a t} \tag{4.23}$$

· 板的弯曲刚度:

$$EI = E\frac{lt_p^3}{12} \tag{4.24}$$

这里 c_a 是反映与黏接钉接头方案有关的交界面面积与普通连接接头的交界面面积之间的差异的系数;$E_c = 1.0\times10^3$ MPa 是复合材料中段板在其横向的弹性模量;$E = 2.1\times10^5$ MPa 是金属搭接板的弹性模量。

为评估三叉钉的 c_a 值,要考虑凸起钉和侵入金属表面的相关空腔的外观情况。因此,将 c_a 值近似表达为

$$c_a = 1 + \frac{(2\pi dh + 6d_1h_1)b_pl}{b_alS_1S_b} \tag{4.25}$$

其参数主要对应于图 4.1 的维度符号;其他一些参数如下:l 是接头长度(即接头试样的宽度);d_1、h_1 分别是钉腿的跨度和高度。

图 4.8 显示了试验中观察到的横向剪切力影响搭接板的现象,涉及两种连接方案,即基准普通胶接和黏接钉黏合。

反过来,图 4.9 显示了由该剪切力引起的对这两个接头的黏合膜内的横向剪切力。

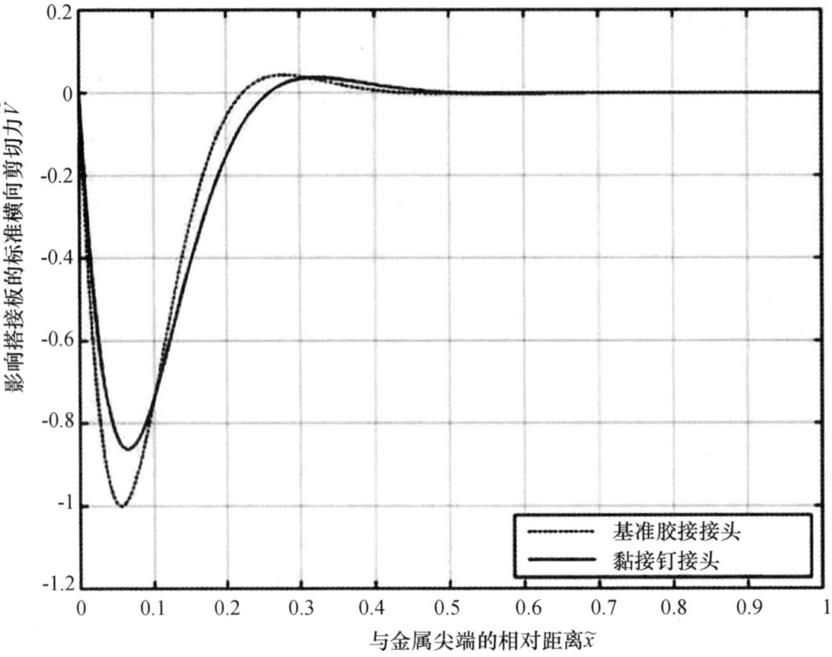

图 4.8 影响搭接板的横向剪切力

注:改编自 Khodorkovsky 等(2010)。

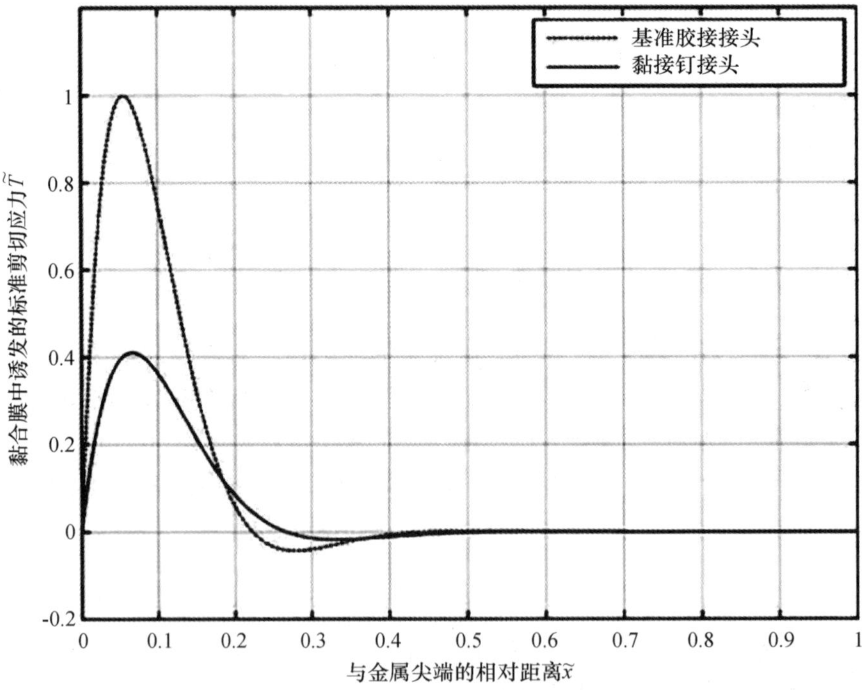

图 4.9 黏合膜内的横向剪切力

注:改编自 Khodorkovsky 等 (2010)。

可以看出,这两个接头的应力状态明显不同。特别是,在黏合膜中诱发的峰值应力,支配着黏合接头的承载能力,与大约 2.4 的比率有关,这一比率与试验确定的这两种接头方案的极限力的比率很匹配。在相当程度上来说,所获得的关联性证明了所设计的分析模型与升级后的真实 Comeld-2 结构的相关性,并表明在无须借助复杂有限元仿真的情况下,有机会使用该分析模型对 Comeld-2 的承载能力进行预测分析,或至少进行比较。

此外,假设船体设计的常规结构分析程序可用于表征材料过渡结构(表示为单一结构部件)的服役性能,且从试验中得出一组降低的力学性能值。另外,由于 Comeld-2 经证明在横向弯曲方面优于相邻的单一材料部件、金属和复合材料,单一材料部件的常规结构分析应该足以对整个混合结构在这种运行载荷工况下的坚固性进行设计调节。

由于 Comeld-2 被证明在横向弯曲方面优于相邻的单一材料部件、金属和复合材料,在当前的运行载荷工况下,对这些单一材料部件进行常规结构分析,应足以调节整个混合结构的鲁棒性设计。

4.6.3 最优接头的设计和制造

正如前面所强调的,有效的 Comeld-2 设计的独特性在于:能够适当地平衡两个相互矛盾但又至关重要的性能特征——复合材料部件内完全容纳凸起钉,以及这些金属钉对胶黏剂的实质性机械加固。根据所获得的试验结果,选择了符合这一要求的黏接钉 Comeld-2 接头的最优配置。基本上,这一配置和配置 1-Aaα 相同,具备比较接头系列中最好的结构性能,优越性是普通黏合接头的 2.38 倍。

因此,我们制作了一系列具有选定设计参数的 600 mm 长的板,然后采用与以前相同的材料和大体相同的工艺,将这些板分割成 63.5 mm 宽的 Comeld-2 最优接头的试验样本。

关于对比接头系列的制造,由于电子束处理引起的强烈单侧加热,金属搭接板出现了相当程度的翘曲,沿板的挠度高达 5.6 mm,大大超出了对平面度公差的规定要求。为防止翘曲对接头性能的不利影响,在与纤维铺层接合之前,将凸起搭接板压平。在压平操作中,用 5 mm 厚的中硬橡胶板来防止销钉损坏。

执行两种可选的装配和复合材料加工工艺。一种工艺是针对“1S”样品系列,将搭接板与纤维玻璃铺层脱粘。另一种工艺是针对“2S”样品系列,涉及金属搭接板之间的脱粘。虽然第一种方案对使用大型结构 Comeld-2 技术更有利,但我们发现它无法保证销钉能完全渗透纤维材料。相比之下,虽然第二种方案能保证销钉在复合材料中适当融入,但在制造大型混合板时,这种方案增加了材料加工的复杂性。

为弄清“1S”样品系列本身潜在的加工缺陷是否对所生产接头的结构性能有相当大的影响,我们执行了两种加工方案,并对制造的两种接头样品进行了试验研究。

总共制作了五块 600 mm 长的最优混合板,然后用水刀将它们分割成 63.5 mm 宽的样品,并进行各种机械环境和水密性测试。图 4.10 中的照片展示了从生产中的 Comeld-2 混合板上切下的一个接头试样。

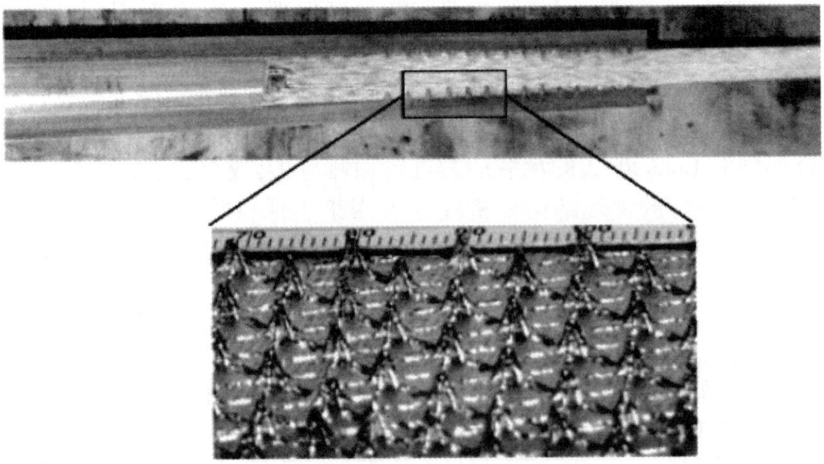

图 4.10　最优接头试样

注：改编自 Khodorkovsky 等(2011)。

4.7　潮湿/水密性检查

对混合结构服役性能的另一个担忧是其湿润性，通过试验，我们对水渗透到 Comeld-2 的复合材料与金属交界面的情况进行了评估。一般来说，湿润可能以多种方式影响混合结构的服役性能，包括：

· 混合结构中的 PMC 劣化；

· 由于 PMC 水分引起的膨胀而使应力增加；

· 复合材料与金属交界面的金属部分出现缝隙腐蚀，伴随着脱粘，最终导致整个混合结构过早失效。

考虑到这些潜在缺点，对于真正的混合式船体结构而言，需要严防水渗透到材料过渡的复合材料与金属交界面。为达到必要的交界面水密性，我们专门选择了采用共固化制造工艺的 Comeld-2 配置，确保配对金属的无腐蚀状态。这种乐观断言是基于长期使用组合式胶螺混合接头的操作经验而得出的，而这种胶螺混合接头在概念上类似于黏接钉 Comeld-2 结构。

如上文第 2.2 节所述，俄罗斯的几艘已服役 20 年(20 世纪 70 年代至 90 年代)的潜艇舷外混合结构采用了胶螺混合接头。在定期检查中，既没有观察到 PMC 恶化，也没有观察到金属腐蚀。在潜艇服役期间，未收到船员提交的有关配备胶螺混合接头的复合材料外壳服役性能的任何投诉。

同样，Boyd 等(2004)提到，对用于甲板至上层结构连接的钢-复合材料接头的完整性进行调查后，发现共固化接头具有良好的抗长期老化和抗潮湿能力。

尽管有这种积极的前景，我们还是采取了一些预防措施，确保用于潮湿和水密性测试的最优 Comeld-2 样品具有必要的水密性和耐腐蚀性。这些预防措施包括：

· 在金属搭接板组装并与复合材料零件接合之前，对其进行适当的清洁和打底；

· 使用海洋级别的聚合物树脂，确保 PMC 层压板所需的防水性；

·使用富含树脂的毡作为复合材料零件的外部保护层；

·在金属搭接的顶端涂抹密封剂。

具体而言，在金属板与混合板接合时，在混合板两端的金属尖端处使用由聚合物树脂（亚什兰 FV 8084 Derakane VE）和 20%（质量）微球组成的径向圆角。在接头样品的切面上还使用了一种耐高温的长效、永久灵活的船用聚硫密封剂（在水线上下都可以使用，能够承受 35 ℃的温度），从而保护样品不受与实际操作情况无关的水分影响。

为验证这些措施的充分性，并评估最优黏接钉接头对海水的抵抗力，我们对混合板进行了连续两轮潮湿-水密性检查。在第一轮检查中，通过试验确定足以使 PMC 达到有效吸水平衡的受潮时间。在第二轮检查中，通过试验检验混合接头是否能够承受这种潮湿，且不在金属与复合材料交界面上形成锈迹。

我们认为，如果水渗透到 Comeld-2 金属-复合材料交界面，唯一办法就是经由复合材料中段板的外层。为此，我们制作了两块不同的薄型复合材料板，用于第一轮测试。其中一块是构成外部保护层的 4 层、1.1 mm 厚的板，这块板由两层 E-Glass、10 oz 的编织布毡外层和两层 E-Glass 毡内层组成。另一块是由 24 oz E-Glass 编织布（CWR2400，5×4）制成的两层、1.4 mm 厚的板，构成了所用纤维铺层的基础部分。我们认为这块板自身水密性够好，无须其他额外保护层。两块板都使用了相同的 Derakane 8084 VE 树脂材料。采用 VIP 工艺处理这两块板，即在 71 ℃下固化 6 h，然后将它们分别分割成 5 个 100 mm×100 mm 的方形材料样品，用于潮湿试验。

根据 ASTM D5229/D5229M-92 标准的要求，建立一个充满合成海水的浸舱。舱里有一个螺旋桨搅拌器，一个能稳定保持 35±3 ℃的加热器，以及一个控制试验过程温度的恒温器。升高温度是为了模拟涉及海水吸收和金属生锈方面时可能出现的最糟糕的操作条件。

使用 Acculab VIC-123 毫克秤对被逐渐湿润的样品进行精确称重。对于所有的试样而言，监测和绘制的水分质量增加百分比 ΔW_m 与时间的比值为 $\Delta W_m=\sqrt{t}$。根据质量变化 ΔW_m 计算出来的时间间隔为

$$\Delta W_m = \left|\frac{W_i - W_b}{W_b}\right| \times 100\% \tag{4.26}$$

式中，W_i 是第 i 个湿润样品的当前质量；W_b 是基准样品质量。

根据这种常规工艺，确定了 64 天内两种测试 PMC 组合物的水分平衡足够有效，可用于混合接头板的水密性测试。

第二轮测试也按照 ASTM D5229/D5229M-92 标准的工艺 B 进行。将 6 个混合接头样品浸泡在相同的稳态海水环境中，测试装置与第一轮测试所采用的装置类似，包括一个配备有加热器、热控制器和螺旋桨搅拌器的浸舱。

完成为期两个月的湿润浸泡计划后，清除接头试样切面上的密封剂，并目视检查金属-复合材料交界面上是否有任何锈迹。但我们并没有发现任何金属生锈的迹象，这恰巧验证所选的 Comeld-2 设计技术，如预期所料，在保障复合材料-金属交界面的水密性方面能力充分。

图 4.11 中的图显示了经历了 2 个月海水湿润浸泡的接头样品，证明了上述论断，结果令人信服。

考虑到积极的试验结果，没必要像其他混合连接方案那样，在基于 Comeld-2 的材料过渡结构中加入 AL-6XN 等不锈钢合金，保护混合结构的金属部分免受腐蚀。这种做法大大

简化了混合式船体实现目标的过程,降低了混合式船体的建造和在役维护成本。

Comeld-2 混合接头完全具备防止水渗入金属-复合材料交界面和保护金属部分不受腐蚀的能力;因此,我们无须像其他混合接头方案那样,将不锈钢合金加入材料过渡结构,从而能大大简化混合式船体建造的实施过程并降低成本。

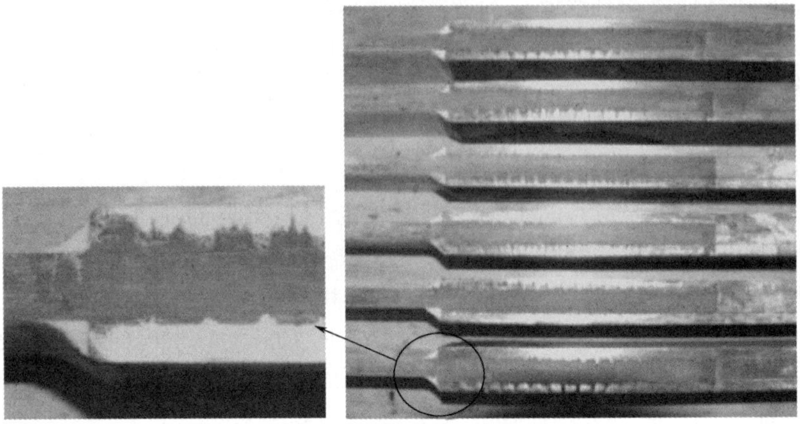

图 4.11　接头样品的湿润后检查

注:引自 Khodorkovsky 等(2011)。

4.8　最优机械环境测试

在不同的环境条件下,对 Comeld-2 最优配置进行了面内拉伸测试至失效。测试的主要目的是获得足够的试验数据,用来评估在预期操作范围内,Comeld-2 在船体中的服役性能。

4.8.1　试验设置

最优接头测试执行的工艺主要遵照 ASTM D3039/D3039M 标准,该标准主要用于测定 PMC 的拉伸性能。接头试样的形状和尺寸与用于初步研究和比较测试的样品相同,规格见第 4.1 节。也使用了相同的配置,即带扁平无标签样品端,用楔形紧固夹夹紧。

为涵盖船体运行典型环境条件的代表范围,我们在低温、室温和高温下对热影响进行了评估,分别为 $T=-15$ ℃、23 ℃和 60 ℃。

在非室温下进行测试前,将试样在指定的低温或高温下进行调节,每次 3 h。保持环境调节的既定参数,与规定标称水平的偏差温度不超过±3 ℃,干燥试验相对湿度范围为 50%±10%。

为达此目的,我们使用了一个热绝缘的温湿度控制舱。样品在经历了前面的潮湿/水密性测试后,一直保持湿润,直到机械性能试验开始。

将静态试验加载设置为力控制模式,恒定速率 $R=1.8$ kN/s,大约对应于加载长度至样品失效的目标规范值 $\vartheta=100$ s。采用有标准虚线(三角形)轮廓的低循环脉冲载荷进行疲劳试验。将循环频率设定为 $f=0.133$ Hz,这个水平对应于船舶航道载荷的特征变化。负载

率设定为 $r \equiv \frac{F_{min}}{F_{max}} = 0.1$。

为获得有代表性的疲劳数据，将最大力 F_{max} 设定在 $0.45F_U \leqslant F_{max} \leqslant 0.8F_U$ 的范围内，其中 F_U 是在疲劳测试之前进行的静态测试所确定的平均极限力。

复合材料层压板从金属边缘分离的开始被视为静态测试的失效标准。选择了金属-复合材料交界面范围值10%的裂纹尺寸作为疲劳测试的失效标准。

使用配备了楔形夹具的 MTS 880 型伺服-液压试验架，施加载荷和约束样品。使用最大容量为 250 kN 的 MTS 661.23A-01 型传感器产生测试拉力。

用 WMT&R 自带软件来提供时间、位移和负载的同步读数。和以前一样，采用式(4.16)和式(4.17)中的主曲线技术来统一测试数据，这些数据对应于试验载荷选定的100-s 规范，为测试结果的比较提供了适当基础。

在测试之前，对所有试样进行控制测量，但没有发现任何超过标称宽度±0.5%的样品宽度变化。由于测量数据不足，在下面的试验数据分析中忽略了这些尺寸偏差。

4.8.2 静态测试

表 4.2 给出了最优接头配置的承载能力测试数据，包括单侧和双侧脱粘方案，分别表示为 1S 和 2S。表中显示了标准加载长度的极限试验载荷的绝对值和普通胶接强度的相对值。

表 4.2 最优静态试验数据总结

样品类别	极限线性载荷/(MN/m)	与参考值比较的极限载荷				
		1-Aaα 配置	普通胶接接头	胶螺混合接头	NJC 胶接	复合材料层压板
Comeld-2 最优方案						
1S	2.34 ±0.26	0.91	2.2	0.90	1.6	0.57
2S	2.71 ±0.16	1.05	2.5	1.05	1.8	0.66
参考方案						
1-Aaα 配置	2.57 ±0.28	1.0	2.4	0.99	1.7	0.63
普通胶接接头	1.08 ±0.19	0.42	1.0	0.42	0.72	0.26
胶螺混合接头	2.59	1.01	2.4	1.0	1.7	0.63
NJC 胶接	1.50	0.58	1.4	0.58	1.0	0.36
复合材料层压板	4.10 ±0.09	1.59	3.8	1.60	2.7	1.0

注：改编自 Khodorkovsky 等(2011)。

此外，这里还介绍了其他接头结构和材料试样在面内张力下的承载能力，以供参考，包括前一轮测试中使用的最优 Comeld-2 配置，即 1-Aaα；与 Comeld-2 最优配置外观相同的基准普通胶接接头；胶螺混合接头，目前结构上最有效的混合连接方案，其试验数据由美国海军水面战中心卡德洛克分部(Loup, 2010)提供；第 3.3 节中介绍的 NJC 胶接，其试验数据来自文献(Brown, 2004)；以及在接头内使用的复合材料层压板的材料试样，其试验数据由美国海军学院(Mouring, 2009)提供。

请注意,尽管这里介绍的胶螺混合接头具有类似的布局(使用螺栓而不是销钉的情况除外),并使用了与 Comeld-2 黏接钉接头所用的相同材料等级,但与 Comeld-2 相反,此处有一块双层厚的复合材料中段板。由于在面内张力下胶螺混合接头的承载能力与中段板的厚度大致成线性比例,Loup(2010)报告的实际强度值由 $F_U = 5.18\ MN/m$,降低为 $F_U = 2.59\ MN/m$,目的是提供适当的比较基础,使所有汇编的试验数据具有可比性。

还要注意的是,此处参考方案的复合材料层压板的承载能力并不完全适用于船体内的接头结构性能。所施加的面内张力代表对接接头性能的最坏载荷工况,这种张力并不反映带主要横向弯曲的船体结构作业本身的复杂载荷。针对这种负载工况,特别选择了金属双搭接设计,Comeld-2 混合板的性能大大超过了普通单材料板,无论这种材料板是复合材料制成还是金属制成。第 4.2 节中介绍的 Comeld-2 接头的横向冲击测试结果证明了这一优势。

可以看出,2S 系列的最优 Comeld-2 样品表现出优于所有接头方案的性能,包括现有最强的胶螺混合接头方案。具体来说,在静态负载下,相比于传统胶接接头,2S 系列有 2.5 倍的承载能力优势,而与现有最强的,但质量更大、劳动强度更大、成本更高的最先进胶螺混合接头相比,有大约 5%的优势。

> Comeld-2 最优设计表现出优于目前所有混合接头方案的结构性能,包括现有最强的胶螺混合接头。具体来说,在静态负载下,相比于传统胶接接头,有 2.5 倍的承载能力优势,与现有最强的,但质量更大、劳动强度更大、成本更高的最先进胶螺混合接头相比,也有大约 5%的优势。

1S 系列的性能明显比 2S 系列低(16%)。然而,考虑到 1S 系列的材料加工相当简单,值得被保留为可接受选项,因此可能会成为实际船体结构中制造复杂混合零件的唯一选择。

图 4.12 总结了在 5 种不同测试环境下对最优接头静态测试随环境改变的结果:低温干燥(CTD)、室温干燥(RTD)、室温潮湿(RTW)、高温干燥(ETD),以及高温潮湿(ETW)。

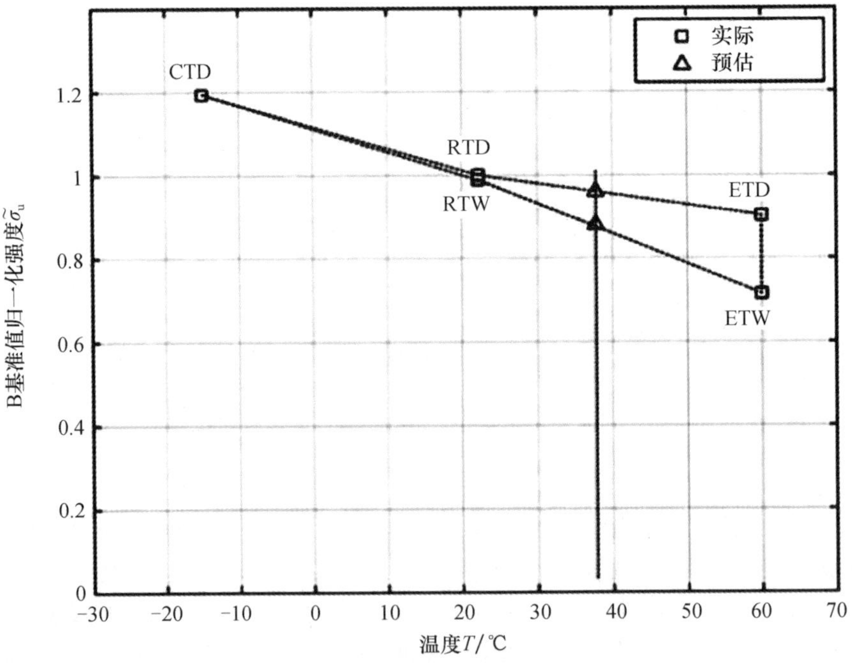

图 4.12　最优性能范围

注:改编自 Khodorkovsky 等(2011)。

整体而言,接头的极限强度范围是 $0.68 \leqslant \widetilde{S} \leqslant 1.20$,其中 $\widetilde{S}$ 代表环境条件的给定变化极限强度的标准值,即代表在给定的特定环境条件下确定的从试验中获得的绝对强度值与正常测试条件下的强度值的比率。

总的来说,所得环境变化的试验数据代表了性能设计范围,可以确定任意操作情况下的接头承载能力。应该指出的是,由于性能设计范围在混合接头的承重中起支配作用,其强度变化与普通结构复合材料的强度变化十分吻合。

所进行的最优接头试验导致单个接头样品出现3种略有不同的失效模式。其中一种模式是金属与复合材料交界面的胶黏剂内聚脱粘,伴随着搭接板从复合材料向外折叠并将其从夹持中拉出。另一种模式是复合材料板本身在搭接处分层。而观察到的第三种模式是这两种普通失效模式同时发生。

应该强调的是,所发现的各种获得性失效模式与相对狭窄的极限强度值有关。这表明,实际上所选择的金属凸起模式,以及最优 Comeld-2 方案的金属-复合材料交界面已经达到了可能的最大性能水平。因此任何涉及整个接头的进一步改进都应该在界面模式外完成,但这种情况相对于金属尖端逐渐变窄,以及在金属-复合材料交界面的黏合区域进行一些扩展。

静态测试的应变测量结果说明了钉接以及钉接与黏合的相互作用对 Comeld-2 承载能力的重要性,以及极限强度值的显著差异。两个外观相同的接头样品,一个采用 Comeld-2 最优方案,另一个采用普通胶黏剂黏合,都进行了应变测量,为此使用了型号为#CEA-06-250UW-350 的威势应变片单轴通用应变计。

图 4.13 和图 4.14 分别列出了普通胶接接头和使用最优 Comeld-2 接头的沿复合材料-金属交界面的应变分布定量数据。

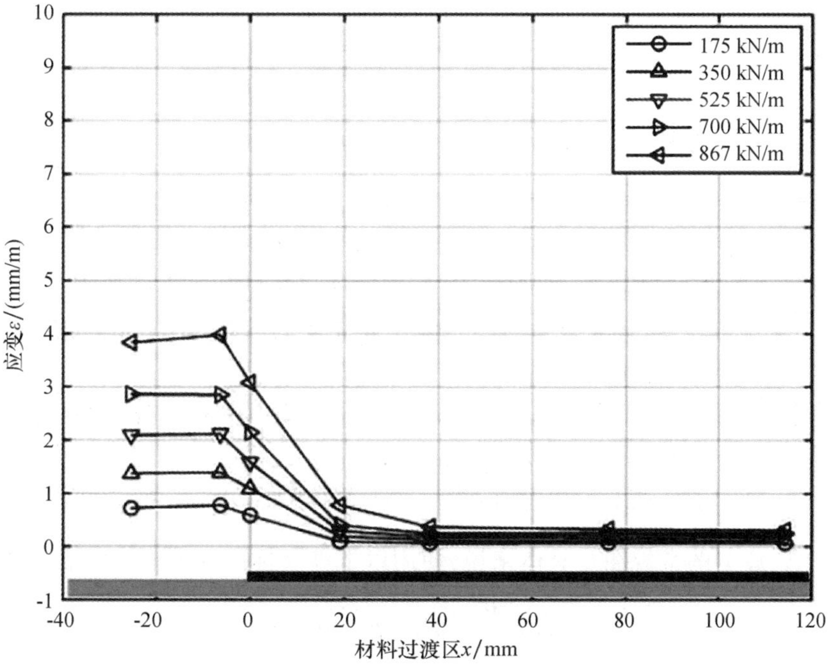

图 4.13 普通胶接接头材料过渡的应变分布

注:改编自 Khodorkovsky 等(2011)。

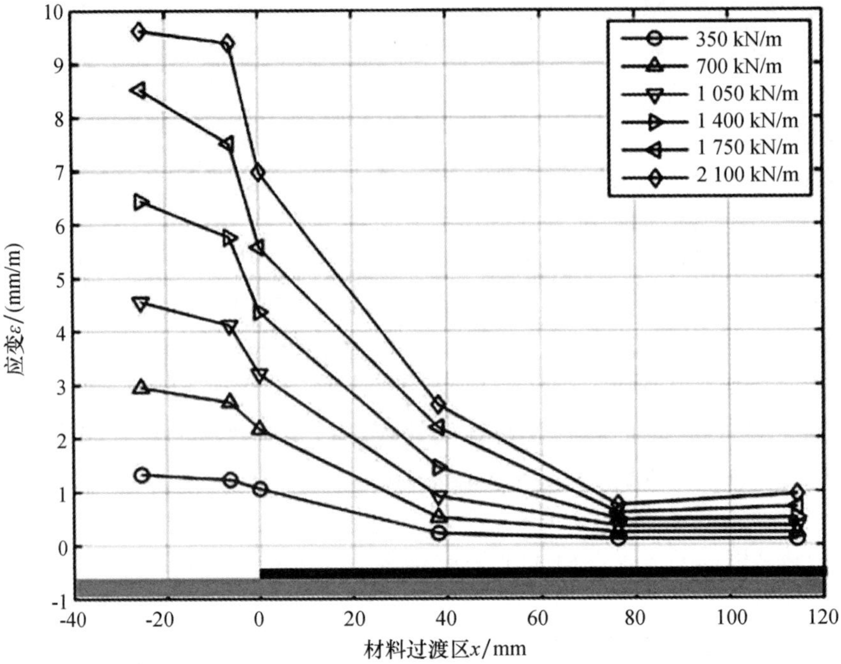

图 4.14　沿着最优 Comeld-2 材料过渡区的应变分布

注:改编自 Khodorkovsky 等(2011)。

图 4.14 很好地说明了钉接对 Comeld-2 性能的影响。黏接钉接头显示了连接材料参与更多承重,这一点证实了与普通胶接接头相比,我们观察到黏接钉接头在结构性能方面有改善。应该强调的是,这个试验结果与 Shkolnikov 等(2009)给出的计算机仿真结果完全一致,并在上文第 4.1 节已详细讨论。

4.8.3　疲劳测试

在进行静态测试的同时,最优黏接钉接头和普通胶接接头都经受了低周期的三角波测试载荷。图 4.15 显示了获得的与两种混合连接方案有关的疲劳数据。

这里的标记代表了试验确定的疲劳强度和最优接头的极限静态强度与循环次数的无量纲比率。将实际的循环测试结果与静态测试正常条件下确定的极限强度数据一起加入图表中,并在此作为半周期疲劳数据使用。

为使静态原始数据与循环载荷的结果一致,采用基于主曲线概念的载荷率统一技术,将这些数值降低到频率 $f=0.133$ Hz。

图 4.15 还显示了从强度-循环图的半对数近似值得出的估计疲劳性能,该图是用来表征结构性 PMC 疲劳的常规图。具体来说,使用以下涉及标准疲劳强度的表达式 $\widetilde{\sigma}_F$:

$$\widetilde{\sigma}_F=\frac{\sigma_F}{S}=B_N-\beta_N\log_{10}(N) \tag{4.27}$$

式中,σ_F 是在给定的循环载荷次数下的疲劳强度;S 是正常静态载荷条件下的平均极限强度;B_N 和 β_N 是标准循环频率和正常环境条件下的特定混合接头模式本身的疲劳参数。具

体来说,在提出的接头测试中揭示的疲劳参数如下:

· 普通胶接接头:B_N = 1.094;β_N =- 0.089;

· 最优 Comeld-2 接头:B_N = 1.176;β_N =-0.208。

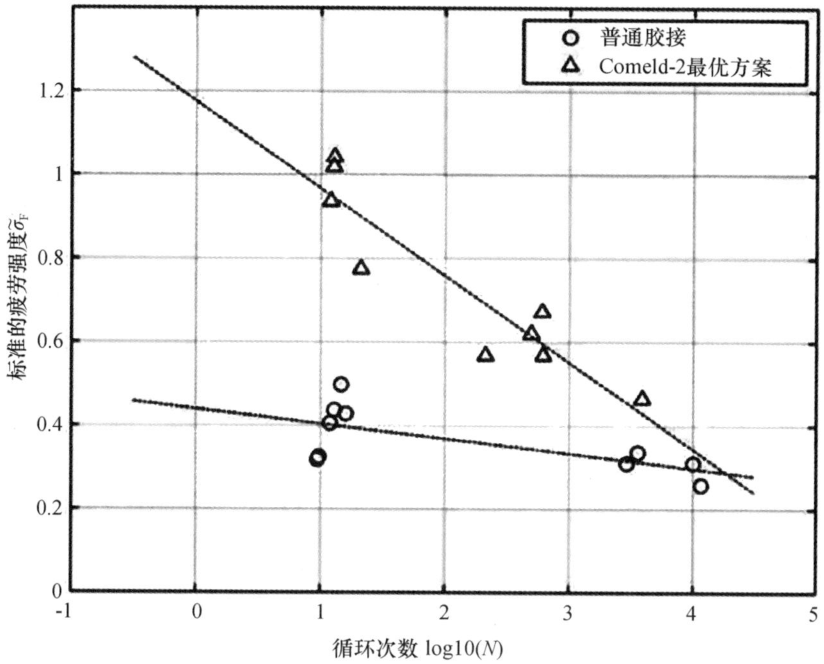

图 4.15　疲劳性能组合图

注:改编自 Khodorkovsky 等(2011)。

两次试验确定的强度特性,即极限静态强度和疲劳强度与循环次数的关系,是决定船体结构性能的主要因素。一般来说,静态强度决定了短期、偶发和/或动态负载的结构效率,这是军舰运行的特点,而疲劳性能是船体长期承载能力的主要特征,与常规操作(如航运)有关。

从图 4.15 中可以看出,尽管最优接头在短期载荷下表现出明显高于(2.5 倍)普通胶接接头的承载能力,但两者在长期载荷下的疲劳性能相当相似。

考虑到凸起金属钉多次插入复合材料层压板中造成附加应力集中,所以上述观察到的不相称情况属于合理。某种程度上,与普通胶接接头相比时,这种做法使黏接钉接头对疲劳负荷更加敏感。应该指出的是,在概念上与黏接钉 Comeld-2 相似的、最先进胶螺混合接头,同样表现出疲劳性能降低。普通螺栓反过来表现出更高的降级程度。

图 4.15 中给出的疲劳数据基本上代表了黏接钉接头的两种最大配置性能,一种具有优化的凸起模式,可在静态负载下提供可行的最大接头承载能力,另一种则完全没有采用钉接。显然,因为特定接头应用并未对可达到的最高极限强度有要求,所以有机会调整金属凸起,从而合理地平衡接头的结构性能。在这种情况下,销钉的尺寸可以而且应该有所缩减,从而使接头的静态和疲劳强度的比例最适合接头的特定操作任务。

Comeld-2 在静态和疲劳负荷下的承载能力可以分别调整金属凸起,将它们安排到不要求其达到最高极限强度的特定接头应用中,从而实现合理平衡。

图 4.16 说明了试验数据的这一概念,是销接相对密度 δ 的函数,δ 的范围为 $\delta_{min} \leqslant \delta \leqslant \delta_{max}$。

此处,密度 $\delta_{min}=0$ 意味着普通胶接接头没有使用钉接,而 $\delta_{max}=1.0$ 指的是将最大可行数量的钉纳入与最优 Comeld-2 配置相对应的黏接钉接头中。

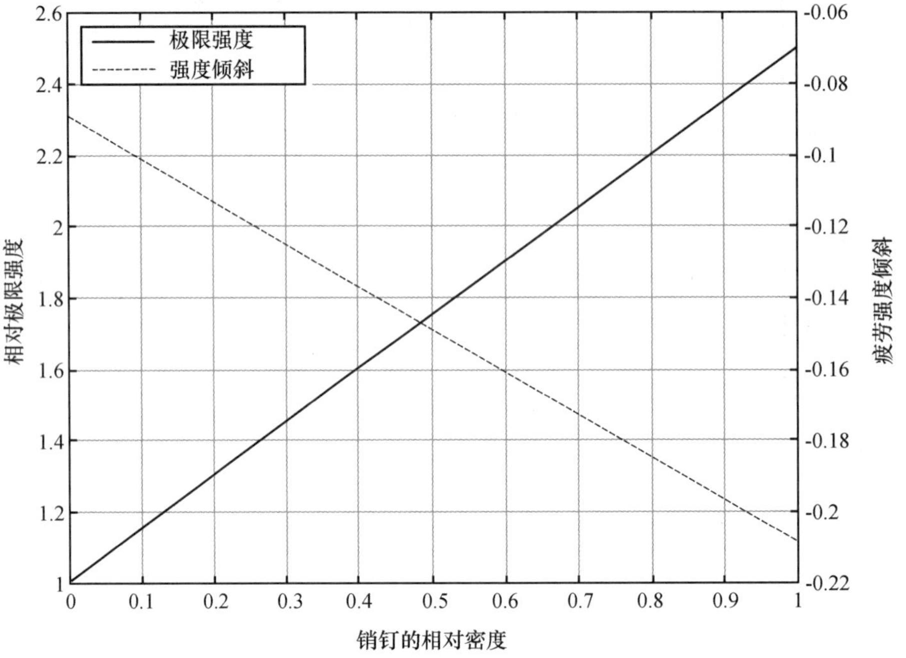

图 4.16　极限静强度和疲劳强度与销钉密度的关系

例如,由于普通胶接接头的两倍极限强度(而非最大可用强度的 2.5 倍),被认为足以满足特定的 Comeld-2 应用需求,因此使用与其中间密度 $\delta \approx 0.67\delta_{max}$ 相对应的钉接方案是合适的,这种极限强度与明显改善的疲劳性能有关,涉及大约 $\beta_N \approx -0.167$ 的疲劳强度倾斜,而非 Comeld-2 最优本身有的 $\beta_N = -0.208$ 的疲劳强度倾斜。

可靠性是结构性能的另一个关键属性,需评估以验证混合结构的服役性能和结构/质量效率。在这个问题上,最优 Comeld-2 接头明显优于普通胶接接头。关于所获得的两种连接方案的试验数据的变异系数分别为 5.57%和 17.3%。

有了这一结果,黏接钉 Comeld-2 技术脱颖而出,成为重载军用/船舶结构应用的最佳混合连接选项,从而满足可制造性和可维修性的整套性能参数要求,包括接头的承载能力、可靠性、质量有效性和可维护性。

4.9　技术经济性评估

在考虑新造船技术的实用性和适应性时,成本可承受性也是除服役性能要求外的一个主要标准。Comeld-2 虽然在结构上有优势,但由于增加了金属凸起,其制造成本在一定程度上高于普通胶接接头。在目前 Comeld-2 的研究尚未工业化的发展状态下,这一点尤为明显。普通胶接接头在坚固性和可靠性方面都劣于 Comeld-2 接头,不出所料,这一点阻碍了普通胶接接头在重型海军结构体中的应用。

同时,Comeld-2 接头的质量和成本都大大低于海军常用的螺栓连接和胶螺混合接头。由于取消了重型螺栓螺母组件,并排除了相关的劳动密集型钻孔和螺栓螺母耦合操作,因此得到了质量和成本优势。

通过 Comeld-2 减少船舶排水量、提高有效载荷能力、降低能耗和相关燃油经济性等,从而基本上将船体结构的质量节省转化为成本节省。因此,为对 Comeld-2 的可负担性做出公平判断,评估其成本时应考虑到预期的制造费用和相关的间接成本节约。否则,不完整的成本评估可能会对渐进式 Comeld-2 混合连接技术的使用造成错误推迟,从而无法助力工业化实施。

为澄清这个问题并缓解人们对成本效益和可负担性的担忧,我们估算了用 Comeld-2 替代普通螺栓接头的质量和成本。具体来说,目前用于装配 DDG-1000"朱姆沃尔特级"驱逐舰甲板上复合材料上层建筑的螺栓接头,被用作估算质量和成本的基准。以下算法用于粗略的数量级(ROM)估算。

预期的质量节省 ΔW 来自设想的船舶接头更换,表示为

$$\Delta W = (w_B - w_{C2}) L_j \tag{4.28}$$

式中,w_B 和 w_{C2} 分别表示螺栓连接接头和 Comeld-2 接头的每一线性单位的质量率;L_j 是复合材料与金属接缝的总长度。

根据 Brown(2004)的评估,DDG-1000"朱姆沃尔特级"驱逐舰的复合材料上层建筑所用的螺栓接头的重量率为 $w_B = 162$ kg/m,而新 NJC 黏合接头(Simler et al.,2003)的质量率为 $w_{NJC} = 94$ kg/m。对超过了螺栓接头或 NJC 黏合接头结构效率(表 4.2)的 Comeld-2 接头进行质量估算,发现其质量明显减少。对于最优 Comeld-2 配置而言,它的质量率是 $w_{C2} = 29$ kg/m。

由于有这种质量优势,如果使用 Comeld-2 替代方案,会造成接头长度每线性米的直接质量节省,即 $\Delta w = 133$ kg/m。如果使用基于东丽 T700 的 CFRP,如 DDG-1000 复合材料结构(LeGault, 2010)中用的那种,而非 Comeld-2 所使用的 GFRP,那么质量节省将更加明显。

根据详细的结构设计,将复合材料上层建筑连接到金属船体上所需的接头总长度 L_j 可能范围很广。根据 Anon(2011)的说法,唯一发现的公开发布的带金属的 DDG-1000 复合甲板室接缝范围值需要超过 $L_w = 6\ 100$ m,才能将其焊缝到基础金属材料结构。

据推测,这个范围值应该与金属和复合材料接头长度相对应。给定的焊缝范围可能代表着与两块金属搭接板双面焊缝有关的汇总值,而这两块金属搭接板用于复合材料上层建筑、甲板室和机库的安装。因此,混合接头线的总长度约为 $L_j = \frac{L_w}{4} \approx 1\ 525$ m。虽然可追踪,但混合接头线的估算总长度似乎长得不切实际。

为避免明显夸大与尺寸不确定性有关的 Comeld-2 质量和成本效益,在成本评估中使用了混合接头总长度的保守粗略量级。依据甲板室的复合材料部分的尺寸(遵照 LeGault(2010)的报告,即甲板室长 39.6 m,宽 18.3 m),复合材料与金属接缝的总长度 L 可推定为约 300 m。这包括复合材料甲板室和机库壳体金属裙板的外接缝,以及这些上层建筑内部结构构件的金属-复合材料长度。

对于这种保守的假设而言,直接的质量节省仍然相当显著。根据式(4.28),$\Delta W \approx 40$ t/艘,即占整个复合材料上层建筑质量的 3.7%。根据 Lundquist(2012)的输入,这是甲板

室 $W_{DH}=900$ t 和机库 $W_H=200$ t 的复合材料部分的质量之和，即 $W_\Sigma=1\ 100$ 总吨。

Comeld-2 应用的成本优势 ΔC 用以下表达式评估：

$$\Delta C = (c_B - c_{C2})L_j - \frac{C_{n-r}}{N_S} \tag{4.29}$$

其中，c_B 是螺栓接头的一个线性单位的加工成本率；c_{C2} 是 Comeld-2 加工的成本率，包括两个主要部分，c_A 代表黏合接头的成本，c_{EB} 代表电子束金属表面凸起的成本，即

$$c_{C2} = c_A + c_{EB} \tag{4.30}$$

反过来，C_{n-r} 代表非经常性开支，特别是与电子束设备的资金成本和一些额外工程工作的成本，用来调整与任何强加的具体设计要求相对应的凸起模式；N_S 是购买电子束设备、修改凸起程序和摊钉相关非经常性开支的该级别船舶的数量。

根据 Brown(2004)的估算，螺栓接头的加工成本为 $c_B=\$2\ 190\ \mathrm{m}^{-1}$，而 NJC 黏合接头的加工成本为 $c_A=\$820\ \mathrm{m}^{-1}$。显然，这个费率包括了涵盖金属闸瓦和复合材料板一侧所需的加工以及二次黏合操作的费用，具体表现为 NJC 接头的 NJC 主要加工部件(Simler et al., 2003)。

相比之下，Comeld-2 黏合加工几乎没有相当明显的额外成本，因为复合材料部件的成型与金属部件的黏合是共同进行的。因此，在 ROM 估算的框架内，可合理假设 Comeld-2 的胶接部分的成本率 c_A 大致为 $c_A\approx0$。

根据 Khodorkovsky 等(2009)的报告(该研究由 EBTEC 公司资助)，100 mm 宽的金属表面所需凸起的电子束加工成本应约为 $\$190\ \mathrm{m}^{-1}$。

鉴于实施 Comeld-2 连接需要两块金属搭接板，焊缝的每单位长度电子束金属处理成本率为 $c_{EB}=\$380\ \mathrm{m}^{-1}$。因此，根据式(4.30)，Comeld-2 加工的全部成本率为 $c_{C2}\approx c_{EB}=\$380\ \mathrm{m}^{-1}$。

一个电子束站的资金成本约为 \$235K，足够在真空舱内凸出 2.7 m 长板的 100 mm 宽表面，适合金属搭接板的预期凸起。另一个用于电子束凸起工程的非经常性 Comeld-2 开支约为 \$14.5K(Khodorkovsky et al., 2009)。非经常性支出合计为 $C_{n-r}\approx\$250$K。

假设根据最初的计划，至少要建造三艘“朱姆沃尔特级”驱逐舰系列，即 $N_S=3$，并且接头总长度至少为 $L_j\sim300$ m，那么根据式(4.29)和式(4.30)，用 Comeld-2 替换螺栓接头的设想所带来的直接成本节省将高达 $\Delta C=\$460$K/船。

虽然这是一个有意义的数额，但估算的直接成本节省并非成本节省的唯一来源。考虑到每艘船的 $\Delta W=40$ t 的质量将转化为成本节省，这一行为得到了大范围推广。例如，目前用于“朱姆沃尔特号”上层建筑的高性能 CFRP 可部分被成本大大降低但质量相对较大的 GFRP 所取代。据称，收集到的质量节省足以取代大约 140 t 的 CFRP。有了这样的材料转换，每艘船间接减少的约 \$18M 的建造成本可能会加到直接成本节省中。

表 4.3 总结了与预期使用 Comeld-2 将复合材料上层建筑安装在 DDG-1000“朱姆沃尔特级”驱逐舰的金属基座上而不是当前使用的螺栓接头相关的每艘船质量和成本节约的 ROM 评估。

表 4.3 预期 ROM 成本和质量节省

接头类型	估算		预期节省			
	质量/t	成本/百万美元	直接质量/t	成本/百万美元	间接成本/百万美元	总成本/百万美元
螺栓接头	49	0.657				
Comeld-2	8.7	0.197	40	0.46	18	18.46

应该再次指出的是,虽然提出的节约期望很重要,但它们是基于目前 Comeld-2 开发的非工业化、研究阶段的成本估算。据推测,在 Comeld-2 技术获得广泛的工业应用后,Comeld-2 涉及的两个主要成本部分——电子束 Surfi-Sculpt 材料加工和非经常性工程费用的成本都会减少,所以这些节省的费用将明显增加。

4.10 Comeld-2 成熟度

开发 Comeld-2 的主要成就体现在如何将这一优异的混合连接技术应用于舰队。美国海军技术成熟度(TRL)由以下内容构成:

· 技术成熟度 3 级(TRL-3):验证了可行性和结构效率;

· 技术成熟度 4 级(TRL-4):开发了适用于大型船体建造应用的规范制造工艺;

· 技术成熟度 4 级(TRL-4):选择了有效的数学模型,发明了结构设计分析技术;

· 技术成熟度 4 级(TRL-4):证明了"在舰队中"的可修复性;

· 技术成熟度 4 级(TRL-4):选定了最优设计配置;

· 技术成熟度 4 级(TRL-4):制造了全尺寸最优 Comeld-2 混合板和试样;

· 技术成熟度 5 级(TRL-5):对 Comeld-2 最优配置进行了全面机械环境测试;

· 技术成熟度 5 级(TRL-5):汇编试验数据,指定与配备有 Comeld-2 材料过渡/接头裙边的混合式船体有关的设计许用值。

总的来说,所取得的成果为新型混合连接技术在舰队应用的目标打下了实质性基础。升级后的 Comeld-2 设计以及所采用的材料加工技术,包括电子束 Surfi-Sculpt 金属处理和改良复合材料 VIP 工艺,使得混合接头和混合式船体的整体结构效率得到了提高,与预期一致。所选 Comeld-2 最优配置的结构性能是其普通黏合结构性能的 2.5 倍,并展现了几乎与最先进的胶螺混合接头相同的结构性能(高出 5%),是迄今为止结构效率最高但质量过重、劳动密集且成本高昂,目前仍是可用的。

在短期负载下达到的 Comeld-2 结构效率水平,使得与实现混合式船体概念相关的多种功能、操作、质量和成本优势得以实现。考虑到这一令人鼓舞的结果,Comeld-2 被认为是利用混合式船体概念的各种海军平台中,目前最先进混合接头方案的安全替代方案。

为验证这种积极的前景,表 4.4 中列出了专家对关键性能参数的比较评分,该表综合了两种常用现有技术和未来连接方案的定性以及现有的 ROM 定量数据。

下面的符号确定得分的连接选项:

(a)普通胶接;

(b)NJC 胶接(Simler et al.,2003);

(c)普通紧固(螺栓/铆钉)接头;

(d)组合式黏合紧固(胶螺混合)接头;

(e)黏接钉 Comeld-2 接头。

表 4.4 中列出的不同类型混合接头关键性能参数的定性等级,意味着以下几点:

· 优秀——不受影响的与最小的故障风险有关的性能。

· 良好——足以满足现有的服役要求,但效率较低,或有适度的故障风险。

· 差——不能达到必要的服役性能,需要大量人工操作,材料消耗多且过重,或需增加专门措施。

表 4.4　混合连接方案的打分矩阵

关键性能参数		连接选项得分				
类别	子类别	A	B	C	D	E
结构性能	水密性/船体结构					
	可靠性					
	与 A 选项相比较的鲁棒性	1.0	1.4a	2.4b	2.4	2.5
	耐久性					
	抗冲击性					
	质量/(kg/m)	29	94[a]	162[a]	75[b]	29
	水密性					
可制造性	可重复性					
	劳动强度					
	过程自动化					
可维护性	可检查性					
	抗腐蚀性					
	可修复性					
成本	过程处理/($/m)	0[b]	820[a]	2 190[a]	2 190[b]	380
	维护					
	非经常性的/($K/船)					83
相关风险	成熟度,技术成熟度	8	6	8	6	5
	降低风险					
评价		极好		一般	差	

注:a 参考 Per Brown(2004)的数据。

b 最佳猜测——相关量化数据不详。

c 对于三船系列。

尽管给定的评分相当主观,但它有助于对各种涉及所有关键性能参数,包括结构性能、可制造性、可维护性、成本和降低相关风险能力的连接方案进行概述和比较。

可以看出,Comeld-2 概念稳赢,获得了最高的综合得分,是各种重型应用中最具吸引力的混合连接选项。因此,Comeld-2 技术应该进一步发展,目标是先进行试点,然后全面用于使用混合式船体概念的海军平台。

特别是,应完成大型全尺寸技术展板(TDP)的设计、制造和测试,以达到 6 级技术成熟度(TRL-6),即实施试点海军结构新技术的要求。

此外,表征混合结构的服役性能需要改进某些方法,主要涉及长期服役过程中不同部件可能的热力学相互作用。

现有的船舶设计指南,包括最先进的《设计和入级规则/指南》(2003,2012),它们主要致力于金属或复合材料结构的单独应用,并没有具体说明混合、异质结构适用特性的固有特点。因此,有必要采用先进的分析技术来弥补方法上的不足。为满足这一要求,第 5 章阐述了一个先进概念,用于复合材料和混合结构在不断变化受力环境下的服役性能特征分析。

参考文献

Anon, 2011. DDG 1000 Deckhouse Base Joint. NMC – the Naval Metalworking Center. Available from www. nccmt. ctc. com/index. cfin? fuscaction = projects. details& project ID=233.

Anon, n. d. Damage Control Skills and Tricks of the Trade 020: Advanced Damage Control. NAVSEA System Command. Available from http://www. dcfpnavymil. org/Library/ dctricks. htm.

ASTM D3039/D3039M – 00, 2000. Standard Test Method for Tensile Properties of Polymer Matrix Composite Materials.

ASTM D5229/D5229M–92, 1992. Standard Test Method for Moisture Absorption Properties and Equilibrium Conditioning of Polymer Matrix Composite Materials.

Boyd, S. W. , Blake, J. I. R. , Shenoi, R. A. , Kapadia, A. , 2004. Integrity of Hybrid Steel–to–Composite Joints for Marine Application. Proceedings of the Institution of Mechanical Engineers, Part M: Journal of Engineering for the Maritime Environment, 235–246.

Brown, L. , 2004. Composite to Steel Joints – Developed for the Next Generation Surface Combatant. Technical Presentation, the ASM International Indianapolis Chapter.

Dance, B. G. I, Kellar, C. , 2010. Workpiece Structure Modification. Patent 7667158 B2, USA. Available from http://www. google. co. ck/patents/US7667158.

Khodorkovsky, Y. , Shkolnikov, V. , 2010. Composite – to – metal joining technology. Final Report No. 10–05, STTR Phase II Base, Contract: N00014–09–C–0331, Beltran, Inc. , Brooklyn, NY, 87pp.

Khodorkovsky, Y. , Shkolnikov, V. , 2011. Composite – to – metal joining technology. Final Report No. 11–07, STTR Phase II Option 1, Contract: N00014–09–C–0331, Beltran, Inc. , Brooklyn, NY, 55pp.

Khodorkovsky, Y. , Mouring, S. , Shkolnikov, V. , 2009. Advanced hybrid joining technology. In: Proceedings of the 1st International Conference on Light Weight Marine Structures, Glasgow, UK, September 7–8, 10pp.

LeGault, M. R., 2010. DD-1000 Zumwalt: Stealth warship- U. S. navy navigates radar transparency, cost and weight challenges with composite superstructure design. Composites Technology, February. Available from http://www. compositesworld. com/articles/ddg-1000-zum walt-stealth-warship.

Loup, D., 2010. Request for Release of the AHMST's US Elemental Hybrid Joints Test Results (Task 7) to ONR STTR Contractor: Beltran, C CIV NSWCCD W. Bethesda, 6550, douglas. loup@ navy. mil, October 28.

Lundquist, E., 2012. US Navy: DDG 1000's composite deckhouse milestone. Maritime Reporter & Engineering News 26-28, January.

Miyano, Y., Nakada. M., Sekine, N., 2005. Accelerated Testing for Long-Term Durability of FRP Laminates for Marine Use, Journal of Composite Materials, 39(1), 5-20.

Mouring, S. E., 2009. Performance of hybrid metal-to-composite joints, the U. S. Naval Academy. Report N00014-09-WR-2-0159.

Mouring, S. E., 2010. Tensile Test Results of the Repaired Joint Articles. E-mail mouring@ usna. edu, February 12.

NAVEDTRA43119-J, 2008. Personnel Qualification Standard for Damage Control (DC). Naval Personnel Development Command, July, 294pp. Available from http://www. dcfpnavymil. org/Library/dcpubs/43119 - J% 20Damage% 20Control % 20 (DC)% 20 [1]. pdf.

Osborne, T., 2014. An Introduction to resin infusion. Reinforced Plastics 25-29, January/ February.

Regel, V. R., Slutsker, A. I., Tomashevsky, E. E., 1972. The. Kinetic Nature of the Strength of Solids, Progress of Physical Sciences, 106 (2), Moscow: Russia, 193 - 228 (Кинетическая Природа Прочности Твёрдых Тел).

Roark, R. J., Young, W. C., 1975. Formulas for Stress and Strain, fifth ed. McGraw-Hill Book Company, NY, 624pp.

Shkolnikov, V. M., 1995. Princeples of Computational Life Prediction of Composite Structures. In: Questions of Material Science, 3, Russia, SPb, CSRI CM 'Prometey', pp. 30-38 (Принципы Расчётного Прогнозирования Прочности Корпусных Конструкций из Полимерных Композитв в Аспекте Практического Приложения).

Shkolnikov, V. M., 2013. Material-Transition Structural Component for Producing of Hybrid Ship Hulls, Ship Hulls Containing the Same, and Method of Manufacturing of the Same. Patent 8,430,046 B2, USA.

Shkolnikov, V. M., Khodorkovsky, Y., 2011. To-date advancement of bonded-pinned composite-to metal joining technology. In: Proceedings of SAMPE-2011 Conference, Long Beach, CA, May 23-26, 13pp.

Shkolnikov, V. M., Dance, B. G. I., Hostetter, G. J., McNamara, D. K., Pickens, J. R., Turcheck Jr., S. P., 2009. Advanced hybrid joining technology-OMAE2009-79769. In: Proceedings of the ASME 28th International Conference on Ocean, Offshore & Arctic Engineering, OMAE2009, Honolulu, Hawaii, May 31-June 58pp.

Smiler, J., Brown, L., 2003. 21st century surface combatants require improved composite-to-steel adhesive bonds. The AMPTIAC Quarterly 7(3), 21-25. Available from http://ammtiac.alionscience.com/pdf/AMPQ7_3ART03.pdf.

第5章　服役性能特征

舰船服役期间，船体会大范围暴露于受力环境中，船体的劣化会极大地影响船体结构的结构性能、相互作用和承载能力。这与每一次的承受载荷情况事件有关，包括脉冲、振动、短期准静态、长期持久受力或重复受力。事实上，准确表征和预测服役性能，是结构工程的主要问题之一，对于异质结构系统尤其具有挑战性。第5章讨论了在不断变化的工作载荷下对复合材料结构和混合式结构进行服役性能评估的方法，所给出的分析方法体现了采用断裂动力学理论和其他充分证实的物理和数学模型，尝试增进服役性能评估准确度。

5.1　现有方法

无论工程结构的具体目标是什么，都需要在指定寿命内，在预期的受力环境条件下，对必要的鲁棒性进行设计验证。舰船服役期间，船体会大范围暴露于受力环境中，极大地影响船体结构的结构性能、相互作用和承载能力。这与每次加载情况有关，包括脉冲、振动、短期准静态、长期持久受力或重复受力。其中大多数通常伴有温度变化和恶劣工作环境等其他劣化因素。准确表征和预测服役性能是结构工程的主要问题之一，对于异质结构系统尤其具有挑战性，因为所用材料的服役性能可能大相径庭，并且在应用PMC的情况下，增强了对受力环境条件的敏感度。

除了采用先进的数学模型、算法和计算机软件进行设计应力/应变分析外，评估服役性能还需要对具体船体结构所选的PMC材料系统进行大量试验验证，从而进行分析判断。通常需要对材料试样、全尺寸试验样品和原型结构进行大规模的静态、动态和环境力学疲劳试验。这些试验通常相当耗时且昂贵，但缺乏这些试验会引起结构鲁棒性过度或不足，这些风险是没必要去冒的。这两种结果的任何一种都不可取，因为第一种会造成质量增加，结构效率降低，成本过高；而另一种则会降低所设计结构的服役性能，损害其运行可靠性和安全性。

当使用不同的材料系统时，由于结构性能和物理特性的多样性，混合材料的异质性加剧了这一问题，可能带来相当大的额外应力，影响整个混合式船体的承载能力，或缩短其使用寿命。

由于使用不同材料系统的结构性能和物理特性不同，混合材料的异质性使得准确表征服役性能存在更大的问题，可能带来相当大的额外应力，影响整个混合式船体的承载能力，或缩短其使用寿命。

密度、弹性模量、疲劳性能和热膨胀率的差异是与这种现象相关的主要潜在因素。

鉴于此，如将单材料结构设计容许值的现有标准进行直接转换，对混合式结构来说会导致欠缺设计或过度设计，进而可能会大幅降低预期的结构和其他功能效益。因此，对现有的强度协调程序进行改进，以正确反映混合式结构及其服役的内在特点是至关重要的。

要验证结构在各种给定工作载荷和各种所用材料及结构系统下的鲁棒性，常用方法是设计协同结构内产生的最大联合应力σ_m（或变形ε_m）和设计容许应力σ_a（变形ε_a）。分析

一下,这可以通过要满足的强度验收标准来表示:

$$\sigma_m \leqslant \sigma_a \tag{5.1}$$

$$\varepsilon_m \leqslant \varepsilon_a \tag{5.1a}$$

对于设计容许值 $\sigma_a(\varepsilon_a)$ 需要进行多种考虑,根据结构材料的力学和物理特性确定,并根据这些材料在长期受力环境运行以及给定安全裕度下的预期劣化进行降级。

与结构化金属相比,PMC 对恶劣海上运行环境的恶化影响更敏感,每次部分暴露于受力环境都会导致 PMC 在服役中劣化。因此,应考虑舰船运行的一系列劣化因素,确保复合材料结构/混合式结构在其服役期内具有适当的鲁棒性。

> 由于 PMC 对恶劣海上运行环境的敏感度增强,应考虑舰船运行的一系列劣化因素,确保复合材料结构/混合式结构在服役期内的适当鲁棒性。

通常,这些因素包括持续或重复加载、热环境、海水润湿以及受到紫外线(UV)或其他照射的时间。

反之,安全裕度是衡量舰船及其部件正常运行的结构临界性、与预期运行载荷表征相关的不确定性、用于应力/应变和失效分析的数学模型准确度的措施,以及在复合材料结构/混合式结构制造过程中,由于未加工的 PMC 成分可变,所用材料加工多样化,导致 PMC 可能的离散性。

因此,设计容许应力值 σ_a 表示为

$$\sigma_a = \frac{\sigma_d}{f_s} \tag{5.2}$$

式中,σ_d 是设计应力值,表示 PMC 极限强度 S,随服役期间的预期材料劣化而减小;f_s 是量化指定安全裕度的安全系数。

应该注意的是,安全系数也可以在式(5.1)的最大应力值 σ_m 内表示,因为这是其他行业的做法,例如机身设计。

为了量化 PMC 在结构内服役期间的劣化情况,通常采用部分折减系数 k_i,对应于运行期间强度和长度以及对特定材料系统的抗性。将各种劣化因素视为结果的联合劣化效应是最常见的方法,表示为

$$\sigma_d = S\prod_{i=1}^{m} k_i \tag{5.3}$$

式中,S 是 PMC 在正常试验条件下确定的特定失效模式的极限强度;m 是要考虑的劣化因素的数量。

请注意,式(5.2)和式(5.3)通常联合为一个,使用广义安全系数 $\hat{f}_s$。在这种情况下,为了表示式(5.2)和式(5.3)中计算的所有强度折减系数,广义安全系数 $\hat{f}_s$ 如参考文献中所述(DNV, 2012; Greene, 1997; RD 5.1186-90; Smirnova et al., 1984):

$$\hat{f}_s = f_s\left(\prod_{i=1}^{m} k_i\right)^{-1} \tag{5.4}$$

或

$$\hat{f}_s = \frac{1}{\prod_{i=1}^{n} k_i} \tag{5.5}$$

式中，n 是考虑的分项系数的扩展数量，包括两组折减系数，反映了长期运行的材料劣化和量化的安全裕度。

这种方法可以确定与普通金属结构设计相似的复合材料/混合式结构的设计容许值，表示为

$$\sigma_a = \frac{S}{\hat{f}_s} \tag{5.6}$$

式中，在金属结构的情况下，S 代表屈服点 S_y。

显然，这两种方法都能产生相同的设计容许值。然而，两组不同折减系数的离散表示是可取的，因为它排除了设计者感受到安全裕度过大的错觉。

目前，要确定部分折减系数 k_i，很大程度上取决于从 PMC 在各种受力环境下服役性能的大量试验数据中获得的经验关系。

折减系数可以使用不同的计算程序，以不同的详细程度来确定。事实上，各种设计指南所提供的内容差异很大。例如，美国船级社 ABS(2007)和挪威船级社 DNV(2012)，两者都与基本相同级别的高速海军舰艇有关，对折减的确定表达了类似的、相当简化的要求。特别是对于那些海军舰艇的主要 PMC 结构部件，包括船底壳、舷侧壳、甲板、上层建筑和甲板室，容许应力值相同，即 $\sigma_a = 0.33S$，这意味着广义安全系数 $\hat{f}_s = 3.0$。

但另一方面，DNV(2010)发布了另一个与重型海洋复合材料结构有关的设计指南，特别是海上平台的结构部件，提供了与 Echtermeyer(2002)等文献中的目标研究结果相一致的详细设计许用值。

Smirnova(1984)等给出了这两种极端方法之间的折中方案，这为式(5.5)提供了一系列列表分项系数 k_i，其具有合理的细致性、预期的运行条件范围、特定结构的临界性以及影响设计考虑的其他因素。

表 5.1 复制了最初由 Smirnova(1984)等提出的通用降级系数阵列 k_i，并根据目前可用计算手段的准确度、现代 PMC 成分的特性以及最新制造技术的优越性，对数值进行了轻微调整。

需要注意的是，表 5.1 中给出的数据并没有精确地定义特定系数，而是展示了离散折减/安全系数的各种幅值，并估计了特定结构操作场景下材料劣化程度和广义安全系数的值。

表 5.1 性能降级因素

i	类别	说明	系数值
1	结构的临界性	对舰船服役性能至关重要	0.85~0.90
		对舰船运行/舰员运作有重要意义	0.90~0.95
		启用辅助设备和适居性	0.95~1.00
2	运行载荷的特性	随机性	0.85~0.95
		确定性	0.90~1.00
3	计算模型和算法的准确性	简化数学模型	0.90~0.95
		2D、3D 有限元模型	0.95~1.00

表 5.1(续)

i	类别	说明	系数值
4	强度调节标准	线性失效标准	0.90~0.95
		2D、3D 失效标准	0.95~1.00
5	结构形状/加工的复杂性	薄板,不显著曲率	0.95~1.00
		厚板/变厚度板,带有限曲率	0.90~0.95
		复杂结构/接头	0.85~0.90
6	材料加工的质量保证(QA)	所有步骤控制	0.95~1.00
		主要步骤控制	0.90~0.95
7	暴露于潮湿/侵蚀性环境(针对未受保护的结构)	持续	0.85~0.90
		重复	0.90~0.95
		零星至无	0.95~1.00
8	环境温度	高达 80%的热变形温度	0.85~0.90
		高达 50%的热变形温度	0.90~0.95
		正常(室)温度	1.00
9	紫外线/其他辐射(用于无保护结构)	定期	0.85~0.90
		零星至无	0.95~1.00
10	加载时间类别	持续($\tau \geqslant 10^4$ h)	0.30~0.60
		低循环	0.45~0.75
		短期	0.95~1.00

根据式(5.5)和表 5.1 中提供的数据可以发现,广义安全系数的范围很广,为 $1.0 \leqslant \hat{f}_s \leqslant 5.0$,这取决于原始结构参数、预期运行条件和结构失效时的后果严重性。对于特定材料系统及其预期结构应用,应根据相关试验数据完善给定的大致值。

应该强调的是,设计降级因子的合理细节,如 Smirnova(1984)等所提及的允许对复合材料/混合式船体结构进行合理优化,同时不会使设计强度调节程序变得明显复杂,这可能是当前设计指南(RD 5.1186-90)中这种方法持续有效的主要原因。

5.2 改进方法的前提条件

尽管现有的设计容许值规范程序已经使用了几十年,使各种海军平台的可靠鲁棒设计成为可能,但对于最新的应用项目而言,这些程序还不够方便。该方法的不足主要与现有方法的经验基础有关,这需要执行大量试验项目,以获取足够支撑多种材料成分及预期运行受力环境的设计折减规范的性能数据。

PMC 本身具备材料多样性的特点,虽然使复合材料结构性能优势多样性,但很大程度上也表现了其固有特性的不利方面,包括:

· PMC 主要成分的类型,包括纤维增强和聚合物树脂。
· 纤维材料形式,如机织物、无卷曲缝合织物、短切毡。
· 纤维材料铺层及其加工,如织物手工铺层、丝束铺设、自动胶带铺层。
· 成型技术,即开模、闭模 VIP,预浸料利用。

PMC 多样性不可避免地导致相关试验项目扩大,带来过度的时间消耗和成本支出,可能会延缓采办活动,大大增加采办成本。这通常是抑制新材料系统使用的主要因素。

因此,尽管这种方法可靠性很高,但就每种预期的载荷情况而言,遵循直接经验来确定一系列备选结构材料和结构组件的结构性能,此过程可能就不切实际了。

尽管这种方法可靠性很高,但就每种预期的载荷情况而言,遵循直接经验来确定一系列备选结构材料和结构组件的结构性能,此过程可能就不切实际了。

对于当前所采用的方法,也存在进一步折中的问题。由于忽略了所试验的实际参数,可能导致对所执行试验程序的性能数据解读不充分,这是一个原因。

如前所述(Michaelov et al., 1997; Kegel et al., 1972),在分析 PMC 试验数据时,受力环境参数的中等变化通常被忽略。这种做法可能源于金属试验,而这种忽略对于结构 PMC 来说没有那么重要。

无论出于何种原因,载荷参数的细微变化如果忽视了,都可能导致对 PMC 性能数据的明显误判,从而可能损害所进行的结构设计。

忽略载荷参数的细微变化可能会导致对 PMC 性能数据的明显误判,从而可能损害所进行的结构设计。

对试验数据解读不充分,通常与混合使用两组不同的试验数据有关,一组来自单次的短期加载,另一组来自疲劳试验。由于计算了载荷率的差异,这也是一种可行的方法,但当忽略该差异时,它可能会带来欺骗性的结果。

根据试验标准(如 ASTM D 3039/D 3039M-00),产生试样失效的短期试验载荷 ϑ 的典型所需时长在 1~10 min 内,即 60 s$\leqslant\vartheta\leqslant$600 s。周期变距载荷 f 的频率预计在 10 Hz$\leqslant f\leqslant$30 Hz 的范围内,这通常对应于保持其足够低以避免明显温度变化的要求(ASTM D 3479/D 3479M-96)。大约三个或以上数量级的载荷率差异足以导致应力-耐久性(S-N)图与其真实视图(通常为线性,半对数轴)出现实质性偏差,这伴随着实际试验数据的畸变。

与此相反,适当统一的试验数据将使设计容许值正确规范,这对于大型复合材料和混合式结构尤其重要,对其而言,即使预期和实际材料性能之间存在微小不匹配,也会显著增加船体结构的质量和成本效益。

试验项目的广泛性以及数据库的规模问题,现在可以利用结合先进材料失效和损伤模型的分析方法来解决,这些模型已经显示出在复合材料性能和服役性能预报中的应用前景,尤其是与长期暴露于受力环境下的 PMC 劣化特征有关,是导致结构性能降级的主要因素。因此,值得信赖的分析模型能够充分反映材料对长期加载及其变化的反应,这对于允许有意义的强制性试验程序的截断是必要的。

参考文献(Shkolnikov, 1995, 2007)中介绍的分析方法,能以适合舰船船体设计的准确度满足这一需求。以下是这种改进方法的前提条件和基本原理。

首先,舰船船体在服役过程中所经历的两大组受力环境因素,应依据它们对材料工作性能的影响加以区分。其中一组包括环境影响,如海水浸润或紫外线照射,主要影响复合材料铺层的一层或两层外层。另一组则汇集了影响整个 PMC 铺层的大部分受力和热环境。

根据这一区别，PMC 铺层内外层的劣化——特别是舰船船体应用中典型的厚壁结构——可能会有不同的处理方式。对于外层，该方法应提供保护措施，如富集树脂含量、使用非结构保护涂层或使用结构 PMC 的额外“牺牲”层。

由于最外层主要是保护主层压板的零件，在设计强度调节中可以省略，重点是主零件及其服役性能。出于对直接环境影响的保护，复合材料层压板的主零件主要受到运行环境的两个决定性因素——受力和环境温度的影响。因此，经受各种运行环境的 PMC 服役性能可能仅由这两个决定因素的影响来表征。

众所周知，大多数结构 PMC 在恒定应力 σ 下的耐久性与经验表达式一致。

$$\tau = A\exp(-\alpha\sigma) \tag{5.7}$$

式中，参数 A 和 α 代表 PMC 的时变特性，不受应力水平 σ 的影响。然而，它们对应力变化以及环境温度的变化（如果施加）敏感。因此，A 和 α 的大小将发生变化，与 PMC 处于不断变化受力环境中的劣化有关。

同时，断裂动力学理论（Kegel et al. , 1972；Zhurkov, 1984；Zhurkov et al. , 1966）为基于固体断裂动力学特征的 PMC 耐久性分析提供了可靠基础。基于动力学的概念，将材料的断裂视为时间过程，其快慢差率由机械应力和温度决定。具体而言，这意味着动力热波动控制着从几十埃大小的初期亚微观裂纹到宏观裂纹的所有裂纹的起始和增长。

如 Zhurkov（1984）和 Kegel（1972）等所述，他们研究了 50 多种不同固体材料（包括结构 PMC）在载荷作用下的裂纹增长。缩微胶片、电子显微镜和电子顺磁共振都已用于测量长期裂纹增长，在某些情况下已持续了几十年。这些测量值表明，主裂纹的增长分为三个阶段：

（1）破坏元件间键导致的初始微裂纹起源。

（2）这些微裂纹发展和聚积到临界浓度。

（3）在主裂纹尖端出现二次微裂纹的聚结。

从亚微观到宏观，所有维度裂纹的相互作用和扩展，都以施加的机械应力和倒数试验温度的指数速率发生。这项细致试验研究的主要结果是对初始假设的验证，即施加载荷下的材料损伤过程与固体断裂动力学概念非常一致。在无加载的情况下，克服潜在障碍的概率低，运动微量元素的运动概率相等。换句话说，元件间键的罕见断裂通过其恢复来补偿。施加力可扰乱这种平衡，改变微量元素之间的距离，并削弱它们沿力方向的链路。

材料耐久性的试验验证结果表明，寿命 τ、机械应力 σ 和绝对温度 T 之间存在一个普遍的关系，并且可用动能运行的形式表示为

$$\tau = \tau_0 \exp \frac{U_0 - \gamma\sigma}{kT} \tag{5.8}$$

式中，k 是玻尔兹曼常数；τ_0、U_0 和 γ 是表征材料承载能力的时间依赖性常数系数。

已经发现，参数 τ_0 本质上是固体中原子固有振荡频率的倒数。常数 U_0 代表各种固体（包括结构金属和 PMC）在原子尺度上的结合能。系数 γ 与分子结构的失向性成正比，这预先决定了其在特定材料构成时的广泛性。

式（5.8）具有典型的热波动视图，即乘数 $\exp\left(-\frac{U_0}{kT}\right)$，或其转换量——玻尔兹曼（Boltzmann）因子——被广泛用于描述各种热波动过程，如化学反应、扩散作用和汽化作用等。请注意，虽然报告的试验主要在材料拉力下进行，但已确定其他载荷工况表现出时间、

应力和温度之间的类似关系，如式(5.7)和式(5.8)所示。

对于工程应用，最好用等效表达式表示式(5.8)。

$$\tau = \tau_0 \exp\left(\frac{\overline{\omega}_0 - \alpha_0 \sigma}{\widetilde{T}}\right) \tag{5.9}$$

式中，

$$\widetilde{T} = \frac{T}{T_s} \tag{5.10}$$

$$\overline{\omega}_0 = \frac{U_0}{kT_s} \tag{5.11}$$

$$\alpha_0 \equiv \alpha S = \frac{\gamma S}{kT_s} \tag{5.12}$$

$$\widetilde{\sigma} = \frac{\sigma}{S} \tag{5.13}$$

这里，T_s 表示开氏温标上的标准正常温度(室温)，即 $T_s = 293.15$ K；S 是在室温和其他标准试验条件下定义的 PMC 极限强度。

显然，由于环境温度等于标准温度，即 $T = T_s$，式(5.9)采用其简化形式：

$$\tau = \tau_0 \exp(\overline{\omega}_0 - \alpha_0 \sigma) \tag{5.14}$$

其参数 $A = \tau_0 \exp(\overline{\omega}_0)$；$\alpha = \frac{\alpha_0}{S}$与常规经验关系式(5.7)完全一致。

然而，与式(5.7)相反，式(5.9)能够在考虑主要劣化因素、机械应力和经受温度的情况下，表征复合材料结构的服役期限。

显然，式(5.9)可相对于应力断裂以常规形式改写：

$$\widetilde{\sigma} = B_{\tau,T} - \beta_{\tau,T} \log_{10}(\tau) \tag{5.15}$$

与式(5.9)类似，式(5.15)反映环境温度的影响，以及承载能力作为加载时长函数的习惯表征。

根据式(5.9)，参数 $B_{\tau,T}$ 和 $\beta_{\tau,T}$ 的值为

$$B_{\tau,T} = \frac{\overline{\omega}_0 + \widetilde{T}\ln(10)\log_{10}(\tau_0)}{\alpha_0} \tag{5.16}$$

$$\beta_{\tau,T} = \frac{\ln(10)}{\alpha_0}\widetilde{T} \tag{5.17}$$

请注意，由于无因次参数 α_0、$\overline{\omega}_0$、τ_0 不随施加载荷的方向而变化，因此式(5.9)适用于表征 PMC 性能，而不管其正交各向异性轴的方向如何。

无论正交各向异性轴的方向如何，基于动力学的解析表达式都适用于表征 PMC 的耐久性。

还要注意，虽然参数 T 名义上反映环境温度的变化，但当它比上述环境因素更可取时，它可能代表任何环境因素和/或多个因素的组合。

此外，就式(5.9)假设的受力温度条件不变而言，要表征变化载荷下的 PMC 性能，式(5.9)需要与材料损伤累积的可信假设匹配。Bailey 积分将损伤线性累积的假设推广到材

料劣化（损伤分数 D），D 是通过施加任意载荷获得的。

关于两个主要载荷分量、机械应力 $\sigma(t)$ 和温度 $T(t)$ 的变化，Bailey 积分表示为

$$D = \int_0^{\vartheta} \frac{dt}{\tau(\sigma(t), T(t))} \tag{5.18}$$

假设在加载时长 ϑ 期间获得的损伤分数 D 可能在 $0 \leqslant D \leqslant D_F$ 的范围内，其中 $D_F = 1$ 意味着在材料寿命 ϑ_F 的最终失效点将获得的极限损伤分数。

线性损伤累积法则虽然为评估和预测任意载荷下的材料服役性能提供了有利机会，但迄今为止，其实际应用尚未得到机械工程界的普遍认可。对其的主要偏见在于，该分析技术的有效性验证过程中，预测和实际试验数据之间相当不匹配。同时，这个问题似乎与线性概念本身的关系不大，而是与对试验数据的误判有关，此问题需要具体解决。

众所周知，线性损伤累积规则是由 Palmgren（1924）提出的，并由 Miner（1945）进一步发展。在 Palmgren 的版本中，在加载时长不变的应力水平 $\widetilde{\sigma}_i$ 下，累积的损伤分数 D_i 等于该加载时长 ϑ_i 与相同应力水平 σ_i 下的寿命 τ_i 之比，即

$$D_i = \frac{\vartheta_i}{\tau_i} \tag{5.19}$$

在 Miner 的版本中，在恒定应力振幅 σ_i 下，加载周期积累的损伤分数 D_i 等于在该应力振幅 σ_i 下的应力循环次数 n_i 与该应力振幅 σ_i 下的疲劳寿命 N_i 之比，即

$$D_i = \frac{n_i}{N_i} \tag{5.20}$$

与 Bailey 积分式（5.18）类似，Miner 或 Palmgren 版本的失效发生在极限累积损伤 $D_F = 1$ 时，即当

$$D_F = \sum_{i=1}^{N} D_i = 1 \tag{5.21}$$

为了验证线性法则在实际应用中的有效性，我们收集了大量试验数据。在大多数试验情况下，采用两轮加载，试样在初始应力水平 σ_1 下试验一定数量的循环 n_1，然后在第二个应力水平 σ_2 下试验 n_2 个循环，直到失效。

Miner（1945）进行的原始试验结果表明，实际极限损伤分数与其标称值 $D_F = 1$ 有很大偏差，范围为 $0.61 \leqslant D_F \leqslant 1.45$。其他研究人员显示 D_F 的变化要大得多，高达 $0.18 \leqslant D_F \leqslant 23.0$。

除了观察到的极限损伤分数的大小差异外，该概念的试验验证也倾向于表现出不同的结果，这取决于应力应用的顺序，从高到低（$\sigma_1 > \sigma_2$）与从低到高（$\sigma_1 < \sigma_2$）的应力，这在理论中没有反映。

显然，无论加载顺序如何，载荷参数的选择应该是在两轮试验的第二轮得到试样的失效。另外，两轮试验的总时长应该预计是大致相等的，第二次试验的第一轮和第一次试验的第二轮时长一样，反之亦然。否则，两个不同的试验总时长就不会相同，而且会有很大不同。

在现实中，从高到低的试验通常比从低到高的试验要长很多。线性损伤累积概念的审查员通常认为，极限损伤分数值的显著变化和耐久性对加载顺序的依赖是明显矛盾的，这是反对其有效性的颇有说服力的论据。然而，上述试验结果实际上相当令人信服，并且确

实证明了概念的有效性。

应用线性损伤累积法则，应认识到以 $\tau(\widetilde{\sigma})$ 或其类似物 $N(\widetilde{\sigma})$ 表示的寿命是一个指数函数。这意味着，只有试样强度特性的可忽略离散性才能产生接近 $D_F = 1$ 的极限损伤分数值。然而在实际应用中，其结果会有较大的变化，与强度特性与标称值的实际偏差相对应。

例如，如果我们切合实际地，假设与式(5.15)相关的 PMC 时变参数为 $\beta_{\tau,T} = 0.09$ 和 $B_{\tau,T} = 1.034$，并且产生的相对应力为 $\widetilde{\sigma}=0.75$，则根据式(5.15)，该应力水平下的标称耐久性将为 $\tau=1\ 396$ s。

由于同一批次试样的极限强度在合理范围内变化，变异系数 $CV=\pm5\%$，因此该批次单个试样的预期耐久性将在 510 s $\leqslant\tau\leqslant$ 3 470 s 范围内变化。极限损伤分数的相应范围为 $0.37 \leqslant D_F \leqslant 2.49$，这与上述试验获得的范围（认定为过大）非常匹配。如果将长期试验伴随的轻微温度变化也考虑在内，极限损伤分数的范围将进一步增大。

加载顺序的问题也有类似的直接解释。如果我们进一步假设进行两次两轮试验，则根据式(5.19)和式(5.21)，预期极限损伤分数 $D_F=1$ 应满足以下关系式：

$$D_F \equiv \frac{\vartheta_{1,1}}{\tau_{1,1}} + \frac{\vartheta_{1,2}}{\tau_{1,2}} = 1 \tag{5.22}$$

$$D_F \equiv \frac{\vartheta_{2,1}}{\tau_{2,1}} + \frac{\vartheta_{2,2}}{\tau_{2,2}} = 1 \tag{5.23}$$

或相对于第二轮加载循环的时长：

$$\vartheta_{1,2} = \left(1 - \frac{\vartheta_{1,1}}{\tau_{1,1}}\right)\tau_{1,2} \tag{5.24}$$

$$\vartheta_{2,2} = \left(1 - \frac{\vartheta_{2,1}}{\tau_{2,1}}\right)\tau_{2,2} \tag{5.25}$$

式中，第一个下标代表试验编号，第二个下标代表轮数。

我们还假设，两个两轮试验中的第一轮要保持 $\vartheta_{1,1}=\vartheta_{2,1}=400$ s，而第二轮 $\vartheta_{1,2}$ 和 $\vartheta_{2,2}$ 要持续到试样失效。这两项试验的应力水平如下。

(1)第一次试验第一轮，相对应力 $\widetilde{\sigma}_{1,1}=0.55$；第一次试验第二轮，相对应力 $\widetilde{\sigma}_{1,2}=0.75$。

(2)第二次试验第一轮，相对应力 $\widetilde{\sigma}_{2,1}=0.75$；第二次试验第二轮，相对应力 $\widetilde{\sigma}_{2,2}=0.55$。

然后，对于 $\beta_{\tau,T}=0.09$；$B_{\tau,T}=1.034$ 使用的时变参数，我们应预测耐久性 $\tau_{1,1}\equiv\tau_{2,2}=228\ 980$ s 和 $\tau_{1,2}\equiv\tau_{2,1}=1\ 396$ s。

代入式(5.24)和式(5.25)中的这些耐久性预期值，我们可以预计第二轮的长度为

$$\vartheta_{1,2} = \left(1 - \frac{400}{228,980}\right)1\ 396 = 1\ 394\ \text{s}$$

$$\vartheta_{2,2} = \left(1 - \frac{400}{1\ 396}\right)228.980 = 163,370\ \text{s}$$

这些数字意味着第一次试验的预期总长度为 $\tau_1=\vartheta_{1,1}+\vartheta_{1,2}=1\ 794$ s；第二次试验的预期总长度为 $\tau_2=\vartheta_{2,1}+\vartheta_{2,2}=163\ 770$ s。

考虑到极限强度 $CV=\pm5\%$ 的可能变化，两轮试验载荷的总长度将进一步扩大差异。对

于第一次试验，它将在 908 s $\leqslant \tau_1 \leqslant$ 3 870 s 的范围内；对于第二次试验，它将在 24 000 s $\leqslant \tau_2 \leqslant$ 395 500 s 的范围内——结果不言自明。

值得一提的是，从真实试验中获得的这种差异，有时被解释为第一种情况下初始高应力施加的不利影响，或者由于第二种情况下中等初始应力施加的先前材料“训练”而导致的有利结果。

应该强调的是，与耐久性的显著离散性相反，由于所用数学模型的相同指数性质，关于确定损伤分数或极限应力的逆运算产生了相当稳定的结果。

总体而言，所传递的基本原理为线性损伤累积法则与试验数据完全一致提供了令人信服的理由。这表明其有利于表征复合材料/混合式结构的 PMC 服役性能和设计容许值规范。

> 由于线性损伤累积法则与试验获得的数据完全一致，最好将其用于表征复合材料/混合式结构的 PMC 服役性能和设计容许值规范。

特别值得一提的是使用 Bailey 积分式(5.18)，该积分允许评估复合材料在其服役期内经受任意载荷分布的结构性能。它还有助于验证复合材料的性能，并将其与金属混合结构的结构性能进行比较，从而对结构长期使用过程中最薄弱环节的可能迁移进行量化监测。

5.3 常规载荷工况下的服役性能

对于大多数实际且重要的载荷工况，需要用数值方法求解积分式(5.18)。不过，如果环境温度不变，一些封闭解可用于最简单的载荷分布，例如具有标准折线或半正矢波形的单调恒速载荷和脉冲循环。以下说明了所述分析方法在确定载荷参数对 PMC 结构性能重要性的应用。

5.3.1 单调恒速加载

关于单调恒速加载至失效的时间点 ϑ_F，加载速率 R 为

$$R = \frac{S}{\vartheta_F} \tag{5.26}$$

那么在 t 时刻的当前应力 $\sigma(r)$ 为 $\sigma = Rt$，积分式(5.18)可以写成与式(5.9)相对应的极限损伤分数 D_F，为

$$D_F = \tau_0^{-1} \int_0^{\vartheta_F} \exp\left(\frac{\alpha Rt - \overline{\omega}_0}{\widetilde{T}(t)}\right) dt \tag{5.27}$$

与恒温有关，$\widetilde{T}(t) = \widetilde{T}$，即

$$D_F = A^{-1} \int_0^{\vartheta_F} \exp\left(\frac{\alpha R}{\widetilde{T}} t\right) dt \tag{5.28}$$

式中，A 为定值：

$$A = \tau_0 \exp\left(\frac{\widetilde{\omega}_0}{\widetilde{T}}\right) \tag{5.29}$$

考虑到极限条件 $D_F = 1$，积分式(5.28)的解可表示为

$$\frac{\widetilde{T}}{A\alpha R}\left[\exp\left(\frac{\alpha S}{\widetilde{T}}\right) - 1\right] = 1 \tag{5.30}$$

或

$$\frac{\widetilde{T}}{\tau_{S,T}} - \frac{1}{A} = \alpha R \tag{5.31}$$

请注意，对于结构 PMC，参数 A 的数量级为 $A \sim 10^{11}$ s。这意味着对于实际情况 $A \gg \tau_{S,T}$，因此，式(5.31)的解约为

$$\frac{\vartheta_F}{\tau_{S,T}}\widetilde{T} = \alpha S \tag{5.32}$$

或者，考虑到式(5.12)：

$$\alpha_0 = \frac{\vartheta_F}{\tau_{S,T}}\widetilde{T} \tag{5.33}$$

这种关系本质上揭示了无因次参数 α_0 的物理意义，即恒速加载至极限应力水平 S 时的材料耐久性与极限应力水平 S 不变时的材料耐久性之比。假设这两个加载事件都在同一恒定温度 $\widetilde{T}$ 下进行。对于标准温度条件，当 $T = T_S$ 时，式(5.33)为

$$\alpha_0 = \frac{\vartheta_F}{\tau_S} \tag{5.34}$$

应该强调的是，式(5.33)和式(5.34)证实了材料对不同类别载荷条件反应的相互关系，反映在第 4.6 节介绍的主分布概念(Miyano et al.，2005；Regel et al.，1972；Shkolnikov，1995)。

执行式(5.27)的进一步转换，超出标准加载条件极限强度的相对值可以表示为恒速加载时长的函数，即

$$\widetilde{\sigma}_{\alpha,T} = \frac{\widetilde{T}}{\alpha_0 - \widetilde{T}}\left[\alpha_0 + \overline{\omega}_0\left(\frac{1}{\widetilde{T}} - 1\right) - \ln(\widetilde{\vartheta}) - \ln(\widetilde{T}) - 1\right] \tag{5.35}$$

对于标准温度，当 $\widetilde{T}=1$ 时，该关系式为

$$\widetilde{\sigma}_u = 1 - \frac{\ln(\widetilde{\vartheta})}{\alpha_0 - 1} \tag{5.36}$$

式中，$\widetilde{\vartheta}$ 表示(试验)加载的实际时长与标准时长之比。

式(5.35)和式(5.36)具体包括两种主要载荷工况：通常用于极限强度试验测定的准静态短期载荷，和作为单调脉冲载荷的高应变率载荷。

为了充分评估载荷参数对材料极限强度的影响，使用了 Lavrov 等(1991)通过试验确定

的海洋级结构 PMC 的时变参数 $\alpha_0 = 26.2$ 和 $\overline{\omega}_0 = 56.8$。这些参数也用于下面介绍的几个其他实际载荷工况。

分析结果如图 5.1 所示，反映了 $10^{-2}\ \text{s} \leqslant \vartheta_F \leqslant 10^3\ \text{s}$ 的加载时长变化的影响，包括高应变率和准静态短期单调加载。

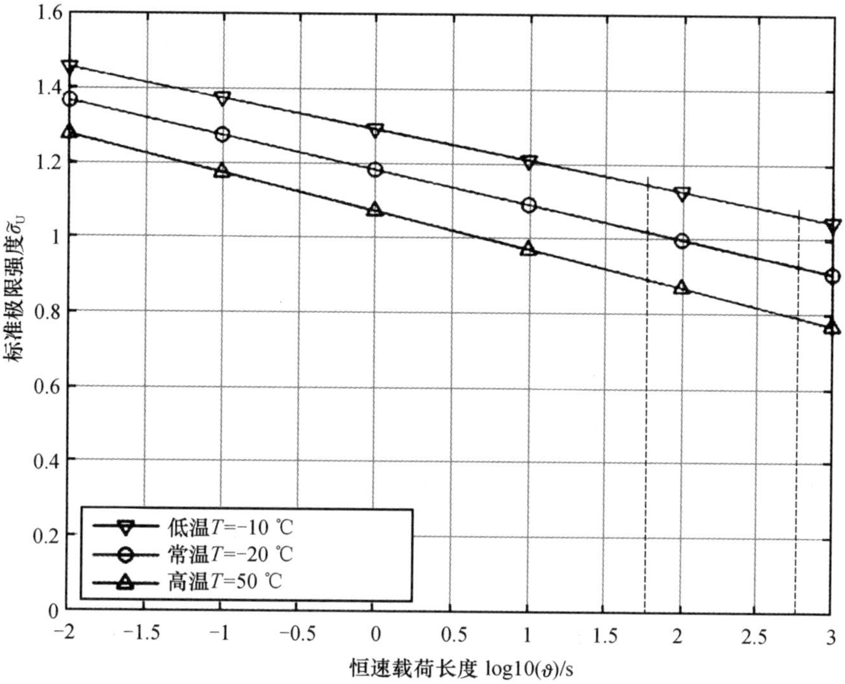

图 5.1 极限强度与长度/载荷率的关系

可以看出，载荷率的变化对材料承载能力的测量有显著贡献。特别是在 $1\ \text{min} \leqslant \vartheta_F \leqslant 10\ \text{min}$ 的范围内（ASTM D3039/D3039M−00 标准允许在拉伸试验期间产生试样失效），加载时长将构成很大一部分的试验结果离散性，大致对应于 $CV \approx \pm 5\%$ 的变化系数。

试验环境温度 $T = T_s \pm 3$ ℃的容许偏差进一步增加了试验数据的离散性，出现了额外的 $CV_T = \pm 2\%$。标准试验条件的容许偏差可以共同产生与 PMC 常规试验确定的结构性能一致的试验结果离散性。

标准试验条件的容许偏差会产生与 PMC 常规试验确定的结构性能一致的试验结果离散性。

因此，应仔细跟踪和考虑实际试验条件，以抑制试验数据的相关离散性。这可以通过利用主分布概念来实现，如第 4.6 节所示。对于复杂船体部件（如结构接头或大型全尺寸结构原型部分）的试验，实施这项技术特别有用，因为这些部件的承载能力以及在施加试验载荷下的耐久性无法完全预测。

应仔细跟踪和考虑实际试验条件，以抑制试验数据的相关离散性。这对于复杂船体部件或全尺寸结构原型部分的试验尤为重要，这些部件在施加试验载荷下的承载能力和耐久性无法完全预测。

5.3.2 剩余强度

基于动力学的分析技术,其另一个有用之处是表征剩余强度。这种物理试验在单个大型或全尺寸结构原型中很常见,其鲁棒性需要在几种载荷工况下进行验证,如短期准静态载荷和长期疲劳载荷。因此,该结构经历了两个不同的试验循环,即疲劳载荷和疲劳后短期失效载荷,以确定被试结构的剩余承载能力,通常考虑该结构的阈值强度。

从动力学的角度来看,剩余强度 S_{R} 是极限强度期望值 S、在引入疲劳载荷下累积的先前损伤分数 D_0 和疲劳后静载荷长度 ϑ_{R} 的函数。

在这种情况下,积分式(5.28)表示为

$$D_{\mathrm{F}} = A^{-1}\int_0^{\vartheta_R} \exp\left(\frac{\alpha R}{\tilde{T}} t\right) \mathrm{d}t + D_0 \tag{5.37}$$

求解 $D_{\mathrm{F}} = 1$,如

$$\frac{\tilde{T}}{A\alpha R}\left[\exp\left(\frac{\alpha S}{\tilde{T}}\right) - 1\right] = 1 - D_0 \tag{5.38}$$

类似于式(5.30)~式(5.35),式(5.38)可以转化为

$$\tilde{S}_{\mathrm{R}} = \tilde{S}_{\mathrm{R1}} + \frac{\ln(1 - D_0)}{\alpha_0} \tag{5.39}$$

式中,$\tilde{S}_{\mathrm{R1}}$ 是剩余强度与极限强度比的一部分,与式(5.35)类似,作为第二轮试验单调加载固有加载条件函数,为

$$\tilde{S}_{\mathrm{R1}} = \frac{\tilde{T}_{\mathrm{R}}}{\alpha_0 - \tilde{T}_{\mathrm{R}}}\left[\alpha_0 + \bar{\omega}_0\left(\frac{1}{\tilde{T}_{\mathrm{R}}} - 1\right) - \ln(\tilde{\vartheta}_{\mathrm{R}}) - \ln(\tilde{T}_{\mathrm{R}}) - 1\right] \tag{5.40}$$

对于标准加载条件,当温度和加载时长 $\tilde{T}_{\mathrm{R}} = 1$,$\tilde{\vartheta}_{\mathrm{R}} = 1$ 时,式(5.39)为

$$\tilde{S}_{\mathrm{R}} = 1 + \frac{\ln(1 - D_0)}{\alpha_0} \tag{5.41}$$

图 5.2 反映了在第一轮疲劳试验加载过程中得到的损伤分数 $0<D_0<1$ 的表达式(5.39)。

从图中可以看出,前面的损伤分数到 $D_0 \leqslant 0.8$ 只对剩余强度有轻微影响。在常温下,它对应于在标准试验条件下确定的预期极限强度 S 的值 $S_{\mathrm{R}} \geqslant 0.94S$。

也就是说,有效强度的小幅降低,约为预期原始极限强度 S 的 6%,约相当于材料残余承载能力的 20%。这一分析结果与复合材料/混合式结构剩余强度试验中通常观察到的普遍现象(尽管不明显)非常一致。事实上,由于实际试验条件与法定标准的微小偏差,PMC 试验物品的剩余强度甚至可能超过试验确定的类似物的极限强度,即未进行预先加载的同一批次物品。

考虑到剩余强度试验通常针对大型试验样品和结构原型,在试验执行期间保持温度受控环境并不总可行。正因为如此,环境温度可能很容易超过法定试验标准的固有范围,即

10 ℃≤T≤30 ℃。图5.2说明了扩展的温度变化 $\Delta T=\pm10$ ℃对剩余强度大小的影响。

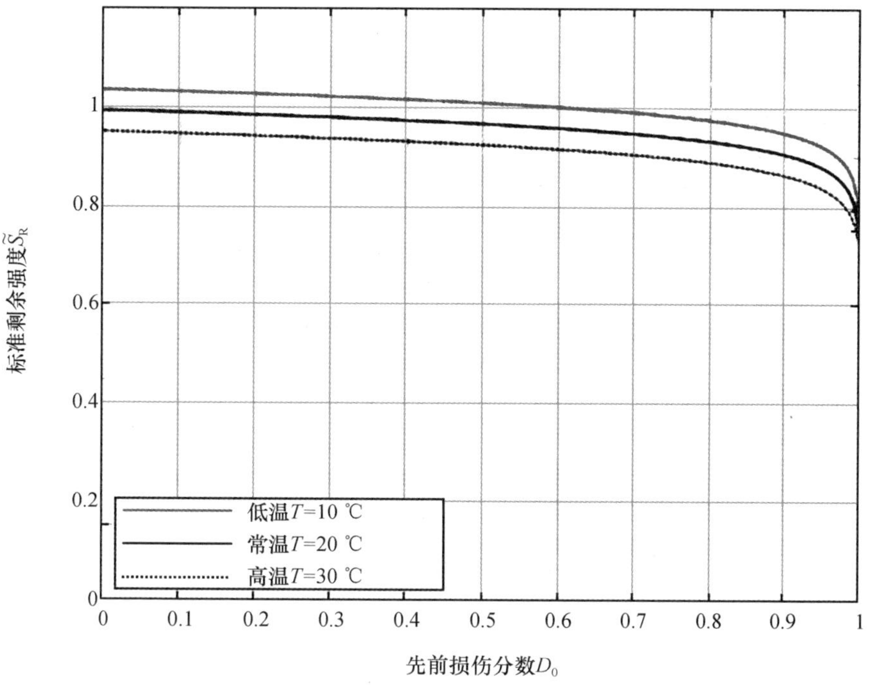

图5.2 剩余强度与预先累积损伤

加载速率可能的变化,例如被测结构的刚度不同,可能会进一步扩大剩余强度的偏差。

总的来说,应该承认只有在正确计算所有重要试验参数的情况下,复合材料/混合式结构的剩余强度试验测定才可能与金属结构的试验一样有用。否则,剩余强度试验可能会产生相当有误导性的结果。

> 只有在正确计算所有重要试验参数的情况下,复合材料/混合式结构的剩余强度试验测定才可能与金属结构的常规试验一样有用。否则,剩余强度试验可能会产生相当有误导性的结果。

5.3.3 循环疲劳加载

循环加载下的疲劳性能代表了另一种实际情况,可以使用积分式(5.18)的封闭解和动力学分析概念来进行详细分析。一般来说,这可以相对于结构材料在失效前所承受的加载循环次数 N_F 来表示,即为

$$D_F = N_F\int_0^{\vartheta}\frac{dt}{\tau(\sigma(t),T(t))} \tag{5.42}$$

对于脉冲加载的两个常规波形,即三角形(虚线)和半正矢,当环境温度保持不变时,积分式(5.42)有封闭解,即:$\tilde{T}(t)=\tilde{T}$。

这两个波形的加载循环可以描述如下。

· 一个三角形脉冲循环内的诱导应力为

$$\tilde{\sigma}=\begin{cases}\tilde{\sigma}_{\max}\left[r+(1-r)\dfrac{2t}{\vartheta}\right],0\leqslant t\leqslant 0.5\vartheta\\ \tilde{\sigma}_{\max}\left[1-(1-r)\dfrac{2t-\vartheta}{\vartheta}\right],0.5\vartheta<t<\vartheta\end{cases}\tag{5.43}$$

· 半正矢脉冲循环为

$$\tilde{\sigma}=0.5\tilde{\sigma}_{\max}\left[1+r+(1-r)\sin 2\pi\left(\frac{t}{\vartheta}-0.25\right)\right],0\leqslant t\leqslant\vartheta\tag{5.44}$$

此处 $\tilde{\sigma}_{\max}$ 为标准峰值应力；ϑ 为循环周期；$r=\dfrac{\sigma_{\min}}{\sigma_{\max}}$为循环载荷的应力比。

对应于给定的载荷条件，三角形脉冲载荷的极限循环次数为

$$N_{t}=\frac{\tau_{0}\alpha_{0}\tilde{\sigma}_{\max}(1-r)\exp\left(\dfrac{\bar{\omega}_{0}-\alpha_{0}\tilde{\sigma}_{\max}}{\tilde{T}}\right)}{\vartheta\tilde{T}\left\{1-\exp\left[\dfrac{\alpha_{0}\tilde{\sigma}_{\max}}{\tilde{T}}(r-1)\right]\right\}}\tag{5.45}$$

半正矢载荷为

$$N_{s}=\frac{\tau_{0}\exp\left[\dfrac{2\bar{\omega}_{0}-\alpha_{0}\tilde{\sigma}_{\max}(1+r)}{2\tilde{T}}\right]}{\vartheta I_{0}\left[\dfrac{\alpha_{0}\tilde{\sigma}_{\max}(1-r)}{2\tilde{T}}\right]}\tag{5.46}$$

式中，$I_0(\,)$是 0 阶的修正 Bessel 函数。

给定的表达式与经验表达式(4.27)的常规视图相似，并且可以转换为经验表达式。式(4.27)的参数β_N 和 B_N，以及给定载荷条件下材料疲劳性能的常规表征，也将体现所施加循环加载的参数。

三角形循环的这些参数为

$$\beta_{N}=\frac{1}{M\left(\dfrac{\alpha_{0}}{\tilde{T}_{N}}-1\right)}\tag{5.47}$$

$$B_{N}=\beta_{N}\left\{\log_{10}\left[\frac{\tau_{0}\alpha_{0}(1-r)}{\vartheta\tilde{T}_{N}}\right]+M\left(\frac{\bar{\omega}_{0}}{\tilde{T}_{N}}-1\right)\right\}\tag{5.48}$$

式中，$M=\dfrac{1}{\ln 10}$。

请注意，这里使用两个合理的近似值来避免给定解的数值表示。包括：

$$\ln(\tilde{\sigma}_{\max})\approx\tilde{\sigma}_{\max}-1,\ \text{其中}\ 0.4\leqslant\tilde{\sigma}_{\max}\leqslant 1.3\tag{5.49}$$

以及

$$\exp\left[\frac{\alpha_0\widetilde{\sigma}_{\max}}{\widetilde{T}}(r-1)\right]\approx 0 \tag{5.50}$$

为了表征 PMC 在长期循环加载下的寿命,式(5.45)和式(5.46)如下所示。

· 对于三角形脉冲循环

$$\tau_{\mathrm{Nt}}\equiv N_t\vartheta=\frac{\tau_0\alpha_0\widetilde{\sigma}_{\max}(1-r)\exp\left(\dfrac{\overline{\omega}_0-\alpha_0\widetilde{\sigma}_{\max}}{\widetilde{T}}\right)}{\widetilde{T}\left\{1-\exp\left[\dfrac{\alpha_0\widetilde{\sigma}_{\max}}{\widetilde{T}}(r-1)\right]\right\}} \tag{5.51}$$

· 对于半正矢循环

$$\tau_{\mathrm{Nt}}\equiv N_t\vartheta=\frac{\tau_0\exp\left[\dfrac{2\overline{\omega}_0-\alpha_0\widetilde{\sigma}_{\max}(1+r)}{2\widetilde{T}}\right]}{I_0\left[\dfrac{\alpha_0\widetilde{\sigma}_{\max}(1-r)}{2\widetilde{T}}\right]} \tag{5.52}$$

总体而言,通过积分式(5.42)对循环载荷的表示,足以准确表征承受循环载荷的复合材料结构的服役性能,反映该载荷参数的影响。

图 5.3 说明了在三种常规长期试验加载曲线:三角形波形和半正矢波形以及持久不变的应力断裂载荷下 PMC 的疲劳性能。在给定的图示中,所有这些载荷工况的环境温度保持正常,以关注给定载荷剖面微小差异的影响。

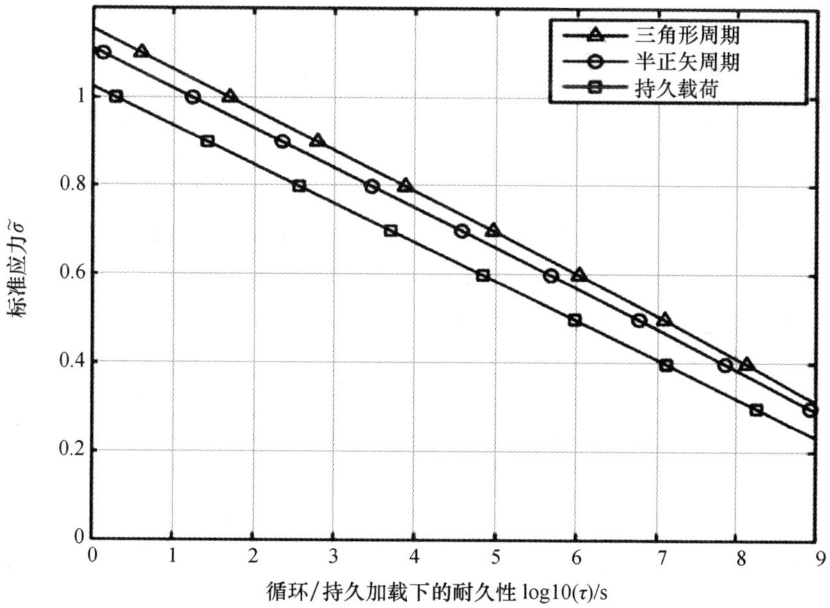

图 5.3　不同载荷分布下的疲劳性能

所获得的结果是针对应力比 $r=0$ 计算的,该应力比使循环和长期载荷下的疲劳性能产生最大可能的差异。将其改变为应力比 $r\to1$,将导致与不同加载剖面相关的三条线合并。

由于载荷参数的影响是可计数的,因此可以将单调失效载荷的结果纳入所采集的疲劳试验数据中,并对其进行适当调整以匹配循环加载的参数。具体而言,式(5.35)用于这种调整。

> 由于载荷参数的影响是可计数的,因此可以将单调失效载荷的结果纳入所采集的疲劳试验数据中,并对其进行适当调整以匹配循环加载的参数。

除了脉冲循环加载,反向循环加载代表了与舰船船体结构运行相关的另一个常规疲劳试验方案。正如试验结果中通常观察到的,与脉冲加载相比,循环加载的反向特性对结构PMC的疲劳寿命影响不大。这种不明显可能是由于以下原因。

一般来说,反向循环与拉压、弯曲中垂中拱或平面内或层间剪切载荷改变有关。PMC层压板的不同成分(纤维增强材料、聚合物基质或两者的组合)负责承受反向载荷的不同阶段。因此,除剪切载荷工况外,两个反向载荷阶段的极限强度绝对值之间通常存在相当大的差异,即:$|S_+|\neq|S_-|$。

因此,通常在反向循环中保持的峰值力 $|F_{\max+}|=|F_{\max-}|$,其等效性将导致标准峰值应力 $|\widetilde{\sigma}_{\max+}|\neq|\widetilde{\sigma}_{\max-}|$ 的差异。这种差异导致在承受载荷不同阶段的承重材料部件的疲劳劣化方面,反向循环的一个阶段优于另一个阶段。

负责承受反向循环任一阶段材料要素相互作用或干扰的测量,可能因要素的化学、物理和结构特征及其相互关系而异。同时,在载荷分担中应该有两个可以想象的极端,一个与载荷要素的绝对独立性有关,另一个与在分担载荷中两组要素是否充分参与有关。

就第一种情况而言,与相同频率和峰值应力的脉冲循环相比,材料在反向循环下的寿命将大约增加一倍。这是因为每个承载要素实际上只在半加载循环内承担其载荷份额,与其他半加载循环下的其余部分交替,而免于经受载荷影响。使用相同的逻辑,第二种情况的寿命应该与脉冲循环加载的寿命相近。

结合这两种主要可能性,我们可以预计PMC在反向循环加载下的实际耐久性 τ_{Nr} 在 $\tau_{\mathrm{Np}}\leqslant\tau_{\mathrm{Nr}}\leqslant2\tau_{\mathrm{Np}}$ 的范围内,其中 τ_{Np} 是脉冲循环下的耐久性,峰值应力的频率和绝对值与反向试验载荷相同。

该范围本身还不足以表明受试材料的疲劳强度有相当大的额外值。大致而言,对于完全独立于承重材料要素的情况,它仅与约2.5%的极限强度相关。在实际情况中,反向加载的效应甚至更低,因为一些不同的材料要素参与到分担承载中实际上是不可避免的,而且相对峰值应力在一个载荷循环的不同阶段永远不会相等。

综上所述,由于上述原因,对PMC的服役性能表征而言,反向循环对脉冲循环载荷的影响不明显,对于PMC或混合式结构的设计强度调整可以忽略不计。

> 对PMC的服役性能表征而言,反向循环对脉冲循环加载的影响不明显,对于PMC或混合式结构的设计强度调整可以忽略不计。

然而,为了验证该逻辑推论的有效性,需要对反向循环加载下的PMC性能进行试验检验。

5.4 复杂加载剖面下的结构性能

将线性损伤累积法则扩展到不同类别的载荷情况,可以表征复杂载荷分布下 PMC 的结构性能。一般可以通过使用寿命来表征,它总结了 PMC 在服役或试验载荷期间所承受各种运行情况的劣化影响。类似于 Boyzov(1997)对金属船体结构的推导,它可以表示为

$$\tau_{\Sigma} = \left(\sum_{i}^{n_i} \sum_{j}^{n_j} \sum_{k}^{n_k} \frac{P_{ijk}}{\tau_{ijk}} \right)^{-1} \tag{5.53}$$

此处,τ_{ijk} 表示在环境条件第 k 个实例中,第 j 个载荷工况的第 i 类运行情况下 PMC 的 τ_{ijk} 部分耐久性;n_i、n_j 和 n_k 是相应运行情况的数量;P_{ijk} 是分别为 i、j、k 个运行事件预期概率,或材料承载的指定部分。综合起来,这些材料承载的部分就构成了总数:

$$\sum_{i}^{n_i} \sum_{j}^{n_j} \sum_{k}^{n_k} P_{ijk} = 1 \tag{5.54}$$

采用相关极限损伤分数的积分式(5.18),为每个给定载荷工况定义了部分耐久性 τ_{ijk}。

为了考虑舰船结构内材料在运行载荷下的通常 3D 应力状态,对所有部件采用反映应力状态 3D 特性的失效标准$(\widetilde{\sigma}_{kl})_{\mathrm{V}}$,$k,l=1,2,3$。

冯·米塞斯(von Mises)屈服准则代表了金属结构的既定标准。使用第 4.1 节中介绍的式(4.2),可以确定相关混合式结构金属部分的无因次失效指数 Ψ_{M}。

无因次形式的扩展诺里斯-麦金农准则式(4.3)和式(4.4)是一种计算工具,适用于评估复合材料结构部件在 3D 应力状态下的承载能力。对于复合材料船体结构的极限应力状态分析,诺里斯-麦金农准则的给定版本似乎比其他方案更可取。如第 4.1 节所述,扩展的诺里斯-麦金农准则给出了与 PMC 3D 应力状态相关的分析预测和试验数据之间的良好匹配,具有海洋级 PMC 典型的相对细长正交各向同性(或横向准各向同性)。该标准仅使用所用复合材料的几个主要强度特性来提供一致的分析结果,从而减轻了过度扩展试验程序的必要性。与冯·米塞斯屈服准则的表达式(4.2)类似,式(4.3)和式(4.4)中的诺里斯-麦金农准则使得可以定义与混合式结构复合部件相关的无因次失效指数 Ψ_{C}。为混合式结构的两个主要部分(金属和复合材料)共同确定的失效指数Ψ_{M}、Ψ_{C},可以识别和定位该混合式结构中的关键区域,其统一的失效指数$\Psi_{\max}$ 为

$$\Psi_{\max} = \max \{\Psi_{\mathrm{M}}, \Psi_{\mathrm{C}}\}_{\mathrm{V}} \tag{5.55}$$

两个三维准则都涉及作用力和诱导应力的线性关系,这些应力对应于绝大多数结构对运行载荷的反应。这使得有机会直接通过施加载荷 $\widetilde{Q}$ 的相对值而不是应力分量$\{\widetilde{\sigma}\}$来表示时间-力关系中的应力水平,例如式(5.9)和式(5.18),如下所示

$$\widetilde{Q} \equiv \frac{Q}{Q_{\mathrm{u}}} = \{\widetilde{\sigma}\} \tag{5.56}$$

因此,对于已知的时间相关参数和给定的力-温度条件$\{Q(t),T(t)\}$,结构 PMC 的服役性能表征将在极限载荷 Q_{u} 下产生,对应于给定的服役时长 $\tau_{q,t}$,反之亦然。

与承载能力的极限参数表征类似,考虑到所需的安全裕度,可以确定允许的设计载荷。在这种情况下,用式(5.1)和式(5.2)表示的容许应力分量的设计强度调节准则,分别转换为给定类别运行条件 Q_{a} 的容许载荷。

$$\Psi_{\max}\frac{Q_u}{f_s}\leqslant Q_u \tag{5.57}$$

除了有机会准确表征复合材料和混合式结构系统的服役性能外，引入的分析技术还能够对预定的载荷情况进行可量化的按比例分配，从而能够对特定运行条件的混合式结构设计进行有根据的优化。

除了有机会准确表征复合材料和混合式结构系统的服役性能外，引入的分析技术还能够对预定的载荷情况进行可量化的按比例分配，从而能够对特定运行条件的混合式结构设计进行有根据的优化。

5.5 实际应用

引入基于动力学的分析技术，是为复合材料/混合材料的服役性能特征而设计的。事实上，它在这方面相当有用。船体结构基本上承受了所有操作载荷，该方法对随时间变化的力和环境条件的加载特别有效。

例如，深潜器（DSV）在下潜过程中，其耐压壳体承受逐渐增强的外部压力，伴随着周围海水温度降低，尤其是在热带纬度海洋中。发生紧急过载的管道通常会同时经历内部压力和温度的激增，这是另一种相关的运行事件，颇具代表性。

显然，为了正确评估承受这种载荷变化的结构服役性能，需要考虑到力的参数和环境条件。以下计算试验通过定量评估加载剖面对假设深潜器耐压壳材料劣化强度的影响来说明这一点。整个服役期间壳体的设想加载计划包括：高压舱中深潜器壳体的初步验收试验、海试以及潜入各种目标海洋深度的深潜器临时运行情况。

请注意，为清楚起见，外部水压仅适用于耐压壳体的运行载荷。假定这种外部压力与深潜器在海试和预定服役中所达到的海洋深度成线性比例。

海上运行的加载率假定为 $R_s=0.7$ m/s，类似于惯常的下潜-浮出水面速度。对于通常由所用泵站控制加载速率的罐内试验，选择 $R_t=50.0$ m/s 的实际速率。

罐内试验加载时的环境温度设定为常数 $T=20$ ℃。假定不断变化的海水温度为 2.5 ℃ $\leqslant T\leqslant$ 30 ℃，这是热带纬度的典型情况。温度随海洋深度的变化近似为幂函数，与 Bergman（2011）提出的温度变化分布相匹配。使用摄氏度，为

$$T=27.5\left(\frac{H}{1\ 000}+1\right)^{-2.4}+2.5 \tag{5.58}$$

式中，H 为海深，单位为 m。

表 5.2 规定了假设复合材料耐压壳体载荷计划的参数，该壳体设计最大深度 $H_{\max}=$ 6 000 m，极限深度 $H_U=$ 10 000 m，极限深度可能导致壳体失效。

表 5.2　耐压壳体的设想加载计划表

载荷工况	目标深度/m	下潜-浮出水面的速度/(m/s)	保持在目标深度/h	环境温度	下潜回合	获得性损伤分数
高压舱中的验收试验						
1	7 000	50.0	0	室温	2	0.006

表 5.2(续)

载荷工况	目标深度/m	下潜-浮出水面的速度/(m/s)	保持在目标深度/h	环境温度	下潜回合	获得性损伤分数
海试						
2	7 000	0.7	0.1	可变	1	0.026
运行/服役						
3	≤2 000	0.7	2	可变	5 000	0.001
4	2 001~3 000	0.7	2	可变	1 000	0.002
5	3 001~4 000	0.7	2	可变	500	0.018
6	4 001~5 000	0.7	2	可变	200	0.114
7	5 001~5 600	0.7	2	可变	100	0.302
8	5 601~6 000	0.7	2	可变	58	0.531
材料在服役期的全部劣化						1.000

同时给出了结构材料在这些离散载荷损伤率和总累积损伤率的计算结果。

式(5.53)和式(5.54)用于评估壳体的材料劣化。考虑了重复下潜-上浮期间力和温度的同步变化。再次使用参考文献 Lavrov 等(1991)中为海洋级 PMC 规定的动力学参数 $\alpha_0=26.2$，$\bar{\omega}_0=56.8$。设定安全系数 $f_s=1$，以明确载荷分布可变性的影响分析评估。

图 5.4 显示了深潜器壳体材料在 8 种载荷工况下按比例分配的量化劣化(损伤分数)。

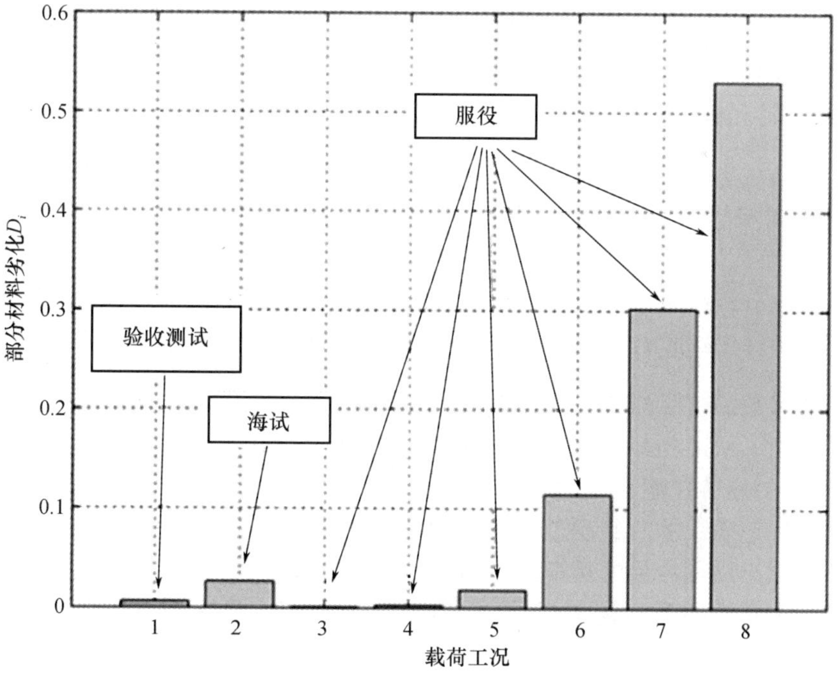

图 5.4　按比例分配的材料劣化

请注意，在耐压壳体投入使用之前，用于验收试验和海试的水压超过了最大运行载荷，对应于 H_{test} = 7 000 m(试验深度)与 H_{max} = 6 000 m(最大深度)的海深。这是为了提供金属耐压壳验收试验的通用做法，并确保壳体鲁棒性足以满足指定用途。

同时，由于结构 PMC 对载荷参数的敏感度增强，这种常规过载可能显著影响 PMC 的承载能力和寿命。在特定情况下，验收试验和海试共消耗了大约 3.5%的初始承载能力。这一比例过高，明显高于海洋级金属。

总体而言，所进行的评估表明，给定的分析技术在不造成舰艇设计中常规强度调节程序过度复杂的情况下，大幅提高了结构 PMC 的服役性能。此外，这为优化复合/混合式结构设计提供了一个充分的理由，即按比例分配载荷的影响，换言之，允许适当调整特定结构设计运行计划。

> 给定的分析技术显著提高了结构 PMC 的服役性能，并为复合材料/混合式结构的优化提供了充分的理由，而不会过度复杂化舰艇设计的常规强度调节程序。

所提出的分析方法也有助于控制实际复合材料/混合式船体结构在役期的剩余承载能力。在这种情况下，最初指定的载荷计划表需要替换为实际运行情况。

5.6 基于动力学方法的试验验证

在一个项目中，研究者执行了非标准靶试验程序，验证用于结构 PMC 服役性能表征的动力学分析方法的有效性。该项目部分内容在文献 Lavrov 等(1991)中进行了阐述，包括对几组 48～96 mm 厚的船用环氧树脂平行对角(1/2，1/4，1/4)层状玻璃纤维增强塑料(GFRP)试件进行静态和循环弯曲试验，以使其失效。

所执行试验与传统标准的主要区别在于：广泛的受力环境条件，以及对所施加载荷实际参数的精细控制。具体而言，试验包括应力速率在 0.3 MPa/s ≤ R ≤ 13.0 MPa/s 范围内的短期单调载荷，和频率在 0.03 Hz ≤ f ≤ 0.5 Hz 范围内的长期低周三角形分布脉冲载荷。循环试验的峰值应力在 $0.6 \leqslant \widetilde{\sigma}_{max} \leqslant 0.8$ 的范围内变化。应力比 r = 0.1 适用于所有循环试验。短期试验期间的环境温度保持正常，而循环试验的环境温度在 19 ℃ ≤ T ≤ 30 ℃ 范围内。

通过引入的分析技术来完善实际试验数据，以统一与法定试验基线相对应的载荷条件参数。频率 f = 0.1 Hz、应力比 r = 0.1、环境温度 T = 20 ℃的三角形脉冲循环加载构成了所选基线的主要参数。实际峰值应力，即在 $0.6 \leqslant \widetilde{\sigma}_{max} \leqslant 0.8$ 范围内变化的应力，保持不变。

图 5.5 绘制了从 1 152 mm×96 mm×96 mm 材料试样的循环试验中获得的两组数据，以说明受试 PMC 的疲劳性能。

用三角形标记表示的一组数据体现了从试验中实际获得的原始结果。此数据集既包括作为循环加载半周期结果的短期试验结果，也包括反映实际循环试验结果的长期试验数据。另一个数据集用圆形标记表示，包含为匹配法定试验基线的参数而改进的原始试验数据。

图 5.5 还绘制了两个数据集的两条近似线，以表示与这两组基本相同的试验数据相关的性能趋势。

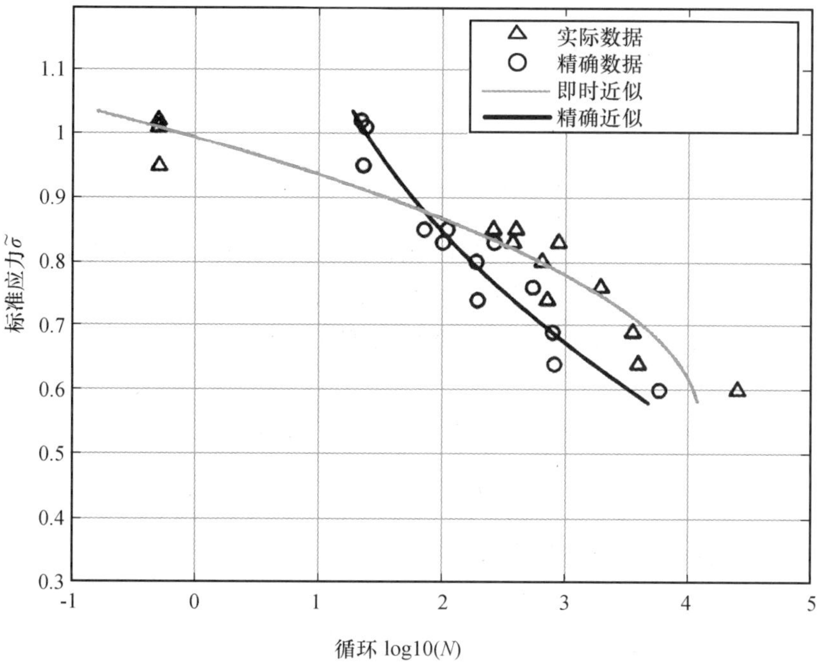

图 5.5　实际和精确的疲劳数据

注：摘自 Shkolnikov(2007)。

二阶多项式函数用于两种近似，其外观却大不相同。与原始试验数据相关的虚线明显弯曲，而与精确数据相关的实线几乎是直线。虽然试验是在载荷参数变化相对较小的情况下进行的，但这确实导致了原始数据和精确数据的明显差异，正好证明了准确表示实际试验条件对于正确诠释 PMC 服役性能试验得出数据的重要性。此外，与原始试验数据相比，与式(4.27)和式(5.15)相关的精确数据更类似于结构 PMC 长期性能固有的习惯趋势。这很好地证明了所用分析技术的真实性，及其在可变载荷下用于 PMC 服役性能表征的有效性。因此，与直接依靠实际试验数据来表征 PMC 服役性能的常规方法相比，使用与统一试验参数相对应的精确数据似乎更可取。

> 使用与统一试验参数相对应的精确数据似乎更适合评估 PMC 的服役性能，而不是直接依赖原始试验数据。

由于所提出的分析方法足以评估 PMC 对不同于实际参数的载荷参数的响应，其似乎适用于在任何给定载荷分布下表征 PMC 的服役性能。要实现这一点，需要知道相关材料的时变参数($\tau_0,\overline{\omega}_0,\alpha_0$)及其在相关载荷情况下的极限强度。

上述推演关系，包括式(5.45)和式(5.46)，可用于确定与 PMC 性能试验检查产生的疲劳图上的三个(组)点相关的所需时变参数。例如，对于三角形载荷分布的疲劳循环脉冲试验，相关表达式(5.45)用于三个试验轮次，如下所示：

$$N_i = \frac{\tau_0 \alpha_0 \tilde{\sigma}_i (1 - r_i) \exp\left(\frac{\bar{\omega}_0 - \alpha_0 \tilde{\sigma}_i}{\tilde{T}_i}\right)}{\vartheta_i \tilde{T}_i \left[1 - \exp\left[\frac{\alpha_0 \tilde{\sigma}_i}{\tilde{T}_i}(r_i - 1)\right]\right]}, i = 1,2,3 \tag{5.59}$$

请注意,由于式(5.59)的轻微非线性,相关计算算法的执行将需要几次迭代。这是一种快速收敛的算法,通常不需要超过两次迭代就能获得稳定的计算结果。

为了简化计算程序,可以应用一些合理的近似法。其中包括:

$$\exp\left[\frac{\alpha_0 \tilde{\sigma}_i}{\tilde{T}_i}(r - 1)\right] \approx 0 \tag{5.60}$$

适用于实际载荷参数。

由于这种服役性能,式(5.59)生效。

$$N_i = \frac{\tau_0 \alpha_0 \tilde{\sigma}_i (1 - r_i) \exp\left(\frac{\bar{\omega}_0 - \alpha_0 \tilde{\sigma}_i}{\tilde{T}_i}\right)}{\vartheta_i \tilde{T}_i} \tag{5.61}$$

此外,如果$\tilde{T}_{N1} = \tilde{T}_{N2}$,

$$\alpha_0 = \frac{\tilde{T}_{N1}}{\tilde{\sigma}_{N2} - \tilde{\sigma}_{N1}} \ln\left[\frac{N_1 \tilde{\sigma}_{N2}(1 - r_2)\vartheta_{N1}}{N_2 \tilde{\sigma}_{N1}(1 - r_1)\vartheta_{N2}}\right], r_1 \neq 1 \tag{5.62}$$

$$\bar{\omega}_0 = \frac{\alpha_0(\tilde{\sigma}_{N1}\tilde{T}_{N3} - \tilde{\sigma}_{N3}\tilde{T}_{N1}) + \tilde{T}_{N1}\tilde{T}_{N3}\ln\left[\frac{N_1 \tilde{\sigma}_{N3}(1 - r_3)\vartheta_{N1}\tilde{T}_{N1}}{N_3 \tilde{\sigma}_{N1}(1 - r_1)\vartheta_{N3}\tilde{T}_{N3}}\right]}{\tilde{T}_{N3} - \tilde{T}_{N1}}, \tilde{T}_{N3} \neq \tilde{T}_{N1} \tag{5.63}$$

$$\tau_0 = \frac{N_1 \vartheta_{N1} \tilde{T}_{N1}}{\tilde{\sigma}_{N1}(1 - r_1)} \exp\left(\frac{\alpha_0 \tilde{\sigma}_{N1} - \bar{\omega}_0}{\tilde{T}_{N1}}\right) \tag{5.64}$$

为了说明给定算法的可操作性,它用于定义 Comeld-2 在平面内拉伸试验载荷下的时间相关参数。输入第 4 章中给出的施加载荷参数和试验结果。具体而言,这两组输入包括:

(1)三角形脉冲循环$\vartheta_N = 7.5$ s;标称环境温度 $\tilde{T}_{N1} = 1.0$;应力比 $r = 0.1$。

(2)单调短期载荷长度 $\vartheta_3 = 100$ s;环境温度升高 $\tilde{T}_{N1} = 1.13$(开氏温标);极限强度的相对值 $\tilde{\sigma}_3 = 0.92$。

第 4.8.3 节中定义的系数 $B_N = 1.176$ 和$\beta_N = 0.208$,表示图 4.15 中绘制的近似线,用

于指定 S-N 疲劳图的两个试验点,$\{N_1 = 10; \widetilde{\sigma}_{N1} = 0.96\}$ 和 $\{N2 = 10\,000; \widetilde{\sigma}_{N2} = 0.35\}$。

从该计算得出的时变参数为:$\alpha_0 = 13.0$;$\overline{\omega}_0 = 19.1$;$\tau_0 = 0.008\,7$ s。类似于第 5 章中对深潜器(DSV)复合材料耐压壳设想运行情况的评估,所获得的参数足以表征给定的 Comeld-2 配置在任何预期运行(或试验)载荷情况下的服役性能。

相对于正交各向异性 PMC 的方向,作用力方向上的时变参数 α_0、$\overline{\omega}_0$、τ_0 的不变性表明,与现有分析技术相比,该方法具有另一个优势。为了验证这一概念,对从特别强调 S-N 疲劳图"剥落"研究中获得的试验数据进行了探索研究(Philippidis et al., 1999;Sarkisian, 1984; Zakharov et al., 1967)。

特别是,将几种典型载荷工况下不同 PMC 成分的疲劳强度绝对值转换为相关疲劳值和极限强度值的无因次比的归一化视图。结果显示,对于所有研究的载荷工况,疲劳图中原先突出的"剥落"现象都有所减少,形成了相对狭窄的轨迹,其离散性边界与 PMC 板疲劳测试结果的正常值一致。

这一结果很好地证实了 PMC 的时变参数不变性概念对加载方向相对于 PMC 正交异性轴的不变性概念的有效性。这意味着,对于任何载荷工况,为一类载荷获得的相同疲劳图足以表征给定 PMC 的疲劳性能,因为与相关载荷类别相关的极限强度也是已知的。

> PMC 的时间依赖参数对加载类别和方向的不变性意味着,对于一种载荷情况获得的相同疲劳图足以表征给定 PMC 在任何载荷情况下的疲劳性能,因为与特定载荷工况相关的极限强度也是已知的。

由于以上初步使用结果不错,大量的试验计划(通常涉及开发新海军平台和新型材料系统联合认证等的采办活动)可以缩短到仅仅几轮测试。这将建立可靠的试验数据,足以确定与所有预定载荷工况相关的材料时变参数和极限强度。

例如,这种修订的试验程序可能包括:

· 在正常环境条件下对所有主要荷载类别进行短期试验,通过试验确定基本力学性能,包括 PMC 沿其正交各向异性轴的极限强度。

· 在主要载荷工况和改变的环境条件下进行短期试验,评估材料对温度和其他环境因素的敏感度。

· 正常环境条件下,在主要载荷工况下进行疲劳试验。当然,试验过程中应对实际试验参数进行严格监控和跟踪。需要记录试验参数与其标称法定值的所有明显偏差,以便对实际试验数据进行适当细化,类似于图 5.5 中反映的数据。

在循环试验中,应特别注意试验样品的自热。如果无法避免,则应进行适当冷却、对温度进行测量和记录。

总体而言,所提出的试验验证清晰证明了动力学分析方法对充分诠释实际试验数据方面的有效性和适用性。这反过来又能准确表征复合材料/混合式船体结构中 PMC 在不断变化的受力环境载荷下(无论是运行还是试验)的服役性能,以及 PMC 设计容许值的充分规范性。

> 所提出的试验验证清晰证明了动力学分析方法的有效性和适用性,该方法能够充分解释实际试验数据,从而能够准确表征复合材料/混合式船体结构中 PMC 在不断变化的受力环境载荷下(无论是运行还是试验)的服役性能,以及 PMC 设计容许值的充分规范性。

5.7 服役性能评估方法的升级

采用所介绍的分析技术,可提高服役性能表征和/或设计允许规格的准确性,从而显著推进重型海军结构的设计。与任何用于结构分析和强度调节的分析程序一样,所介绍的技术是为了适合并符合传统的船舶设计实践。事实上,所提出的分析方法在程序上与常规分析程序很相似,而没有在计算方面增加任何不适当的复杂性。

该技术适用于进行结构强度调节的传统设计容许规范,以便对给定运行条件下的载荷结构进行直接服役性能评估。这反过来又允许按比例分配部分指定载荷的影响,以及为有效的结构优化而进行的服务前验收测试。

预期受力环境运行条件的输入数据可以用概率或确定性术语表示,所提供数据的准确度将提高服役性能评估的准确度。

实际上,唯一增加的工作是预期载荷参数的扩展规范。如上所述,随着对服役性能的升级分析评估实施,额外的工作将得到回报,并有利于改进设计结构的几个关键性能参数。其中包括提高权重效率、增加运行的可靠性和安全性,以及增加施工成本的有效性。

图 5.6 描述了常规设计结构分析和强度调节的流程图,并指出了要升级的部分。

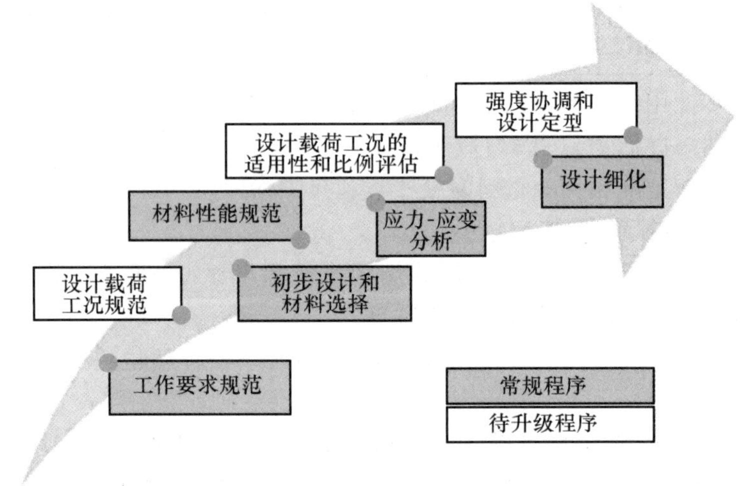

图 5.6 设计强度调节的预计升级

具体而言,受影响和增加的程序步骤包括:设计载荷工况规范;服役性能评估;设计载荷工况的按比例分配;强度调节;结构设计最终定稿。

由于异质混合式结构体现了至少两种不同的材料系统,即金属和复合材料,它们必须满足设计强度调节的要求。现有的军舰设计指南提出了这些要求,并分别描述了每种材料类别、金属和复合材料的校核程序。

如上所述,这种方法不足以评估混合式结构中不同材料系统的相互作用,在某些情况下,这种相互作用可能很重要。这些包括但不限于异质材料系统的不同热膨胀,以及这些材料系统在受力环境条件参数变化下的不同疲劳性能。所提出的分析技术能够解决混合式船体的结构性能,以适当的准确度考虑不同材料的预期相互作用。

关于大幅缩短相关采办活动的试验项目的机会，采用所介绍的分析技术可以大幅降低这些试验项目的范围、时长和成本。

此外，该技术还可对在役复合结构和混合式结构的健康监测进行分析授权，以便能够正确表示实际经历的工作风险。在这种情况下，可以准确地确定外露结构部件的关键区域。

总体而言，所提出的基于动力学的技术似乎是一种可靠有效的分析工具，适用于充分解释试验结果，准确表征服役性能，进行充分的设计优化，以及对使用 PMC 部件的各种重型结构系统进行在役健康监测。

> 所提出的基于动力学的技术似乎是一种可靠有效的分析工具，适用于充分解释试验结果，准确表征服役性能，进行充分的设计优化，以及对使用 PMC 部件的各种重型结构系统进行在役健康监测。

附录中提供的 Matlab 环境中几个计算机代码说明了所提出分析技术的可操作性。

参考文献

ABS,2007. 109: hull structures and arrangements, Section 3, Plating. In: Hull Construction and Equipment, Chapter 2, Guide for Building and Glassing High Speed Naval Craft, Part 3. ABS, Houston, TX, 243 pp.

ASTM D3039/D3039M - 00, 2000. Standard Test Method for Tensile Properties of Polymer Matrix Composite Materials.

Bergman, J. , 2011. Temperature of ocean water. Windows to Universe, February 16. Available from www. windows2universe. org/earth/Water/temp. html.

Boyzov, G. V. , 1997. A concept of hull structure fatigue strength reconciliation. In: The Second International Conference and Exhibition on Marine Intellectual Technologies, Sect. 4, Intellectual Technologies in Applied Research, Russia, SPb, pp. 274-278.

D 3479/D 3479M-96, 2002. Standard Test Method for Tension-Tension Fatigue of Polymer Matrix Composite.

DNV, 2010. Offshore Standard, Composite Components, DNV-OS-C501. Det Norske Veritas, October, 164 pp.

DNV, 2012. Rules for Classification of High Speed, Light Craft and Naval Surface Craft. Pt. 3 4 (1), Det Norske Veritas, July, 49pp. Available from http://exchange. dnv. com/publishing/RulesHSLC/2012-07/hs304. pdf.

Echtenneyer, A. T. , Ronold, K. O. , Breuil, O. , Palm, S. , Hayman, D. , Noury, P. , Osnes, H. ,2002. Project offshore standard composite components. Technical Report No. 2002-0124, Rev. 1, Det Norske Veritas, February 8, 409pp. Available from http://www. bsee. gov/Research - and - Training/Technology - Assessment - and - Research/tarprojects/300-399/343AA. aspx.

Greene, E. , 1997. Design guide for marine applications of composites. Final Report, SSC-403, 337 pp. Available from http://www. shipstnicture. org/pdf/403. pdf.

Lavrov, A. V. , Shkolnikov, V. M. , 1991. Experimental research of fatigue of thick-walled FRP structures, structural application of PMC. Works of Krylov Scientific – Technical Society, 510, SPb, Russia. pp. 4 – 15. (Экспериментальное Исследование Усталости СтеклопластикаБольших Толщин при Циклическом Изгибе).

Michaelov, G., Kharrazi, M., Momenkhani, K., Sarkani, S., Kihl., D. P., 1997. Fatigue behavior and damage accumulation of FRP laminates and joints. Technical Report, NSWCCD–TR–65–97/36, NSWCCD, 159 pp. Available from www. dtic. mil/cgi – bin/GetTRDoc? AD=ADA342353.

Miner, M. A., 1945. Cumulative damage in fatigue. Journal of Applied Mechanics 12, A156–A164.

Miyano, Y., Nakada, M., Sekine, N., 2005. Accelerated testing for long–term durability of FRP laminates for marine use. Journal of Composite Materials, 39 (1), 5–20.

Palmgren, A. Z., 1924. Durability of ball–bearing. Zeitschrift des Vereines Deutscher Ingenieure 68, 339–345(Die Lebensdauer von Kugellagern).

Philippidis, T. P., Vassilopoulos, A. P., 1999. Fatigue strength prediction under multiaxial stress. Journal of Composite Materials 33 (17), 1578–1598.

RD 5. 1186 – 90, n. d, Composite Hulls and Hull Structures. Design Rules and Methods of Strength Analysis (Корпуса и Корпусные Конструкции из Стеклопластика. Правила Проектирования и Методические Указания по Расчетам Прочности), USSR.

Regel, V. R., Slutsker, A. I., Tomashevsky, E. E., 1972. The kinetic nature of the strength of solids. Progress of Physical Science 106 (2), 193 – 228, Moscow, Russia (Кинетическая Природа Прочности Твёрдых Тел).

Sarkisian, N. E., 1984. Anisotropy of fatigue strength of PMCs. Mechanics of Structures of PMCs, Novosibirsk, Science – Siberian Branch, USSR, pp. 92 – 97 (АннЗОТроПнЯ Усталостной Прочности Композитных Матриалов).

Shkolnikov, V. M., 1995. Principles of computational life prediction of composite structures for practical application. In: Questions of Material Science, 3, Russia, SPb, CSRI CM 'Prometey', pp. 30 – 38 (Принципы Расчётного Прогнозирования Прочности Корпусных Конструкций из Полимерных Композитв в Аспекте Практическою Приложения).

Shkolnikov, V. M., 2007. Serviceability characterization of composite storage tank, PVP2007–26099. In: Proceedings of the ASME Pressure Vessels & Piping Conference and Eighth International Conference on CREEP at Elevated Temperature (PVP2007/CREEP8), San Antonio, Texas, pp. 483–492.

Smirnova, M. K., Paliy, O. M., Spiro, V. E., 1984. Principles of strength norms specification for composite structures. Mechanics of Polymer Materials, 882–887, March, Riga, Latvia (ОПринципах Назначения Норм Прочности для Конструкций из Композтных Материалов).

Zakharov, V, A., Rivkind, V. N., Ragulina, T. L., Sidorcnkova, A. N., 1967. Strength and deformation characteristics of GFRP under long–term static and cyclic tension, properties of polyester GFRPs and methods of their control. Works of the Krylov Scientific – Technical Society, Leningrad: Shipbuilding, USSR, pp. 125 – 166 (ПрОчнОСТнЫв и

Деформационные Характеристики Стеклопластиков при Длительном Статическом и Ренкрастяжении).

Zhurkov, S. N., 1984. Kinetic concept of the strength of solids. International Journal of Fracture December 26 (4), 295-307.

Zhurkov, S. N., Tomashevsky, E. E., 1966. Time dependence of strength under various loading regimes. In: Physical Basis of Yield and Fracture, Conf. Proc., Institute of Physics, London, 1966, p. 200.

第6章　前瞻性研究

为了拓展 Comeld-2 在各类混合结构系统中的有效利用技术,需要进一步研究最具发展前景的、基于 Comeld-2 材料过渡技术的几个工程方面。开发目标包括:在材料转变结构内导电的聚合物基复合材料(PMC)与金属搭接板的机电断开法,以防止金属部分在复合材料与金属界面的电化学腐蚀;探索 Surfi-Sculpt 凸起激光方案,使 Comeld-2 的工业应用具有更高的成本效益;Comeld-2 技术除可应用于海军领域,还具有前瞻性的拓展,特别是可用于风力发电行业以及大型风力涡轮机模块叶片的组装。所有这些重点创新技术都具备预期可实现性,值得详细阐述。下面将详细阐述这些研究目标。

6.1　预防电化学腐蚀

纤维增强的结构性 PMC 通常具有抗腐蚀性。大多数 PMC 实际上是不导电的,可以与金属连接且无须担心电化学腐蚀。当导电 PMC 如碳纤维复合材料,在金属的过渡区域被应用于混合式船体的复合材料部分时,就容易出现问题。

一般来说,设计合理的混合式船体可能兼有两种类型的复合材料(导电和非导电),在结构上与金属主船体相结合。上述介绍的 Comeld-2 技术,虽然在结构上优于其他混合连接方案,但并不能防止导电 PMC 与金属船体结合使用时可能产生的电化学腐蚀,这一点类似于螺栓连接及胶螺混合连接所固有的腐蚀。

为解决此问题,应当对第3章和第4章中介绍的 Comeld-2 原始配置进行修改,在金属和导电复合材料部件的接口处加入非导电材料,从而防止在海洋环境中诱发电腐蚀的电气传输。

Shkolnikov 的专利(2011年)中提出的技术方案对原 Comeld-2 配置进行了适当的修改。图6.1所示是根据该专利改编的,概述了修改后的 Comeld-2 版本。

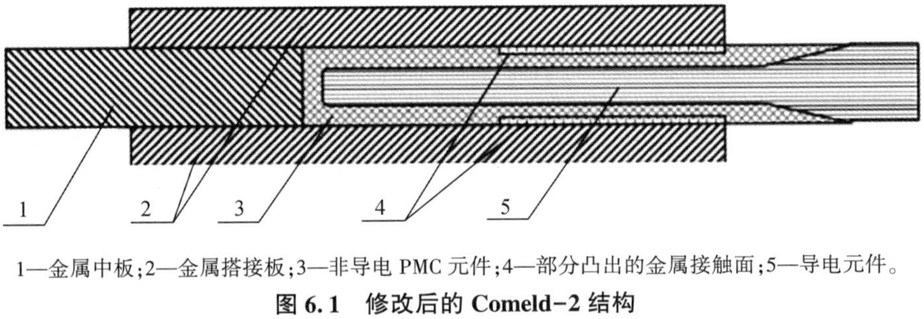

1—金属中板;2—金属搭接板;3—非导电 PMC 元件;4—部分凸出的金属接触面;5—导电元件。

图6.1　修改后的 Comeld-2 结构

在这种情况下,将一个中间的非导电元件安装到一个材料发生转变的结构中,可防止金属与可能导电的 PMC 部件发生具有腐蚀性的直接电接触。该中间插件可以是玻璃纤维增强塑料(GFRP)、橡胶或陶瓷基复合材料。

图6.1中概述的两种 Comeld-2 配置(普通型与改进型),通过合理组合或许更可取,在

多材料船体布局中灵活性更高,从而使复合材料的应用效益最大化,满足特定的设计和操作要求。

使用两种或多种导电 PMC 系统以及两种不同的 Comeld-2 配置,虽然于功能上有益,但可能会导致生产复杂化,从而产生高强度的工作以及额外费用。据推测,混合式船体的关键性能参数预期会改善,涉及结构性减重、更大的有效载荷以及燃油经济性等方面。

为了缓解对可负担性及成本效益方面的担忧,应该对多材料混合式船体结构进行成本评估与对比研究,并考虑这两方面的影响。

为了验证所概述的修改对多材料 Comeld-2 技术的可行性和结构效率,应进行相关的计算机模拟以及结构性、耐电性测试。

6.2 基于激光的 Surfi-Sculpt 工艺

虽然 Comeld-2 技术在结构效率和成本效益方面大大优于当前所有的重型混合连接方案,但目前正在采用的电子束 Surfi-Sculpt 工艺(Buxton et al., 2005;Dance et al., 2004)相对昂贵,可能会阻碍 Comeld-2 技术更广泛的工业应用。此外,操作电子束必须在真空中进行,这一点限制了可加工工作样本的几何复杂度和尺寸。

另一种相对低廉的激光凸起技术,不需要真空操作环境,能够产生类似于 Comeld-2 首选方案的 Surfi-Sculpt 图案。与电子束激光相比,Surfi-Sculpt 激光的主要优点是可以在大气压下产生凸起,根据所加工的材料,选择使用或不使用保护气体。

最近,Hilton 等(2008)、Blackburn 等(2010)已经证明了激光凸起过程。使用大功率的多模固体激光器及光束扫描仪,会在几种金属材料上产生明显的特征。预先试验初步确定了最简单特征凸起方案的关键工艺参数,然后将这些特征整合到更复杂的几何特征中,最后将这些特征排列在一起形成阵列。

Blackburn 等(2010)展示了在 316 不锈钢棒上进行激光 Surfi-Sculpt 试验后产生的特征,其图案有点像 Comeld-2 最优方案的凸起。尽管在形状上有一定的相似性,但基于激光产生的新图案还超出了混合接头应用的要求参数。

Blackburn 等(2010)还表明,预先试验的效果良好;他们还表明,需要适当地管理工件的热反应以确保生产出表面上相同的特征。阵列内的特征需要同时构建,以优化特征的构建速度。这在为激光打标以及(或者)远程处理应用而设计的现有光束扫描单元软件中是不可能的。

由于这些原因,基于激光的 Surfi-Sculpt 技术在用于混合连接方面需要进一步推敲。

所设想的技术方法是将低功率激光束适应性改为金属处理技术,该技术能够产生适合坚固黏接钉混合接头的表面特征。由此,可将实际上无限长的金属突起固定到一个相当大的材料过渡结构的复合组件上,不需要进行任何额外焊接操作,而原先实施基于电子束的 Comeld-2 需要焊接。这样可以提高性能,并降低混合结构系统的成本。

应该指出的是,预想的技术进步有一定的技术风险,取决于用激光束凸出金属基材以获得适合和足以用于结构性混合连接的图案的能力。实现金属凸起或许是可行的,但要获得理想的图案可能很棘手。为了降低风险,应基于给定钢材等级淘汰的凸起图案,探究几种不同的处理类型,从而有机会选择正确的凸起方案。

根据这些前提,对激光 Surfi-Sculpt 进行计划研究的初始阶段,其主要目标应包括:

· 对于那些与原来基于电子束的最优 Comeld-2 所选择的、适合于激光加工的凸起图案相似的，进行淘汰选择。

· 为船用钢(HSLA-65 系列)合金以及其他可能感兴趣的金属合金，设计一种激光凸起技术。

· 进行制造试验，生产与淘汰选择出的凸起图案相对应的凸起样品。

· 对正在设计的激光凸起技术进行技术经济性评估。

由于计划的研究提供了一个足以用于重型混合连接的积极结果，它将进一步有利于军用舰艇上混合船体概念的利用，可应用基于激光的 Comeld-2 材料过渡结构。

据设想，对于终端用户来说，激光解决方案的成本比电子束系统的成本低一个数量级。最终，目标技术将从整体上大幅提高混合连接技术和混合结构概念实施的市场价值。

6.3 Comeld-2 的非海军应用

尽管 Comeld-2 连接技术主要用于海军的混合式船体概念，但它似乎适合并可能有利于各种非军事应用。主要涉及高速艇、飞机、汽车的重型应用，海上浮动平台的结构部件，天然气分配和输送的管道，超大型风力涡轮机的模块化叶片和塔架等。

应用于海、陆、空的航行器及浮动平台的潜在优势与战舰的优势基本相似，而应用于风力涡轮机的相关优势包括可以实现模块化叶片的概念，这对风力涡轮机的制造、安装和运行的许多情况都是有利的。

特别是，风轮机的能源效率随着其扫掠面积的增加而显著增强。这是由于风转化为涡轮机旋转能量 P，与叶片长度 L 的平方以及风速 v 的立方之乘积成正比。

$$P \propto L^2 v^3 \tag{6.1}$$

现实应用中对巨型涡轮机产生的积极影响更大，这与塔架高度的增加有关，意味着可以获得风力更强的风。

基于这些因素，目前的趋势是在技术上尽可能地扩大涡轮机尺寸。但若在不改变基本设计的情况下简单地加长叶片，会使涡轮机的制造、运输和现场组装变得复杂。模块化叶片设计能够实现涡轮机叶片和塔架扩大的优势，同时也是减少不利影响的一种方式(Marsh,2014)。

然而，直接使用普通黏接方案是有局限的，因为应用载荷的强度高、黏合区域宽，在安装现场组装这种大型涡轮机的叶片，需要大量的模制操作。

还有一个更实用的方法，对叶片或塔架的模块化部分进行机械螺栓连接，如 Anon (2005)和 Marsh(2014)所展示的。

然而，这种方案也并不理想，因为在巨型涡轮机安装现场需要耗费大量劳动力，进行钻孔和螺栓连接操作，大大影响了涡轮机组装的成本和质量。

对重型船体混合结构有效的 Comeld-2 技术的应用，似乎是超大型风力涡轮机的一个合适选择。在这种情况下，对于涡轮机叶片或其塔架的复合模块，需要执行基于大船体截面焊接的常规船体装配方法。可以用从 Comeld-2 结构中延伸出来的金属裙边进行装配，如图 6.2 所示。

可以想象，这将降低制造组装和安装模块化大型风力涡轮机的复杂性。显然，在实现这一预期发展的同时，还应进行某些可行性和比较研究。

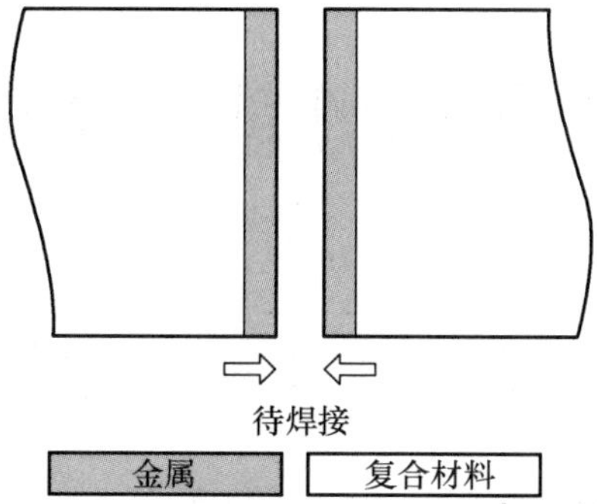

图 6.2　模块化叶片——造船方法

参 考 文 献

Anon, 2005. 30m split rotor blade, MEGAWIND. Available from, http://www. cres. gr/megawind/split_rotor_blade. htm.

Blackburn, J. , Hilton, P. , 2010. The Generation of Autogeneous Surface Features using a Low Power Laser Beam, TWI, Granta Park, Great Abington, Cambridge, 8pp. , Paper 1704.

Buxton, A. L. , Dance, B. G. I. , 2005. Surfi-Sculpt™- Revolutionary surface processing with an electron beam, In: Proceedings of ASM International ISEC Congress, St Paul, MS, 1-3 August.

Dance, B. G. I. , Kellar, C. , 2004. Workpiece Structure Modification. Number WO 2004/028731 A1, International Patent Publication. Available from, https://data. epo. org/publication-server/rest/v 1. 0/publication-dates/20101103/Patents/EP1551590NWB1 / document. pdf.

Hilton, P. , Nguyen, L. , 2008. A new method of laser beam induced surface modification using the Surf-Sculpt© process. In: Proceedings of the 3rd Pacific Conference on Applications of Lasers and Optics, April, Beijing, China, 6pp.

Marsh, G. , 2014. Greater role for composites in wind industry. Reinforced plastics 20-24, January/February.

Shkolnikov, V. M. , 2011. Structural Component for Producing Ship Hulls, Ship Hulls Containing the Same, and Method of Manufacturing the Same. Patent 8, 020, 504 B2, USA.

附录　关于服役性能的 Matlab 代码

7.1　极限强度与加载长度和温度的关系

```
%Ultimate strength vs loading duration to failure &
%temperature
clear
clf
%Kinetic parameters
ao=26.2;
wo=56.8;
%Standard length of loading, s
ts=100;
%Standard temperature, K
Ts=273.15+20;
for j=1:3
%Temperature variation
    T=Ts-60+30*j;
    T=T/Ts;
    %Variation of length of loading, s
    for i=1:6
    t=10^(i-3);
    su=T/(ao-T)*(ao+wo*(T^-1-1)-log(t/ts)-log(T)-1);
    Su (i)=su;
    t1(i)=log10(t);
    end
      if T<1
      plot(t1,Su,'b-.')
      hold on
      end
      if T==1
      plot(t1,Su, 'r-')
      hold on
      end
      if T>1
      plot(t1,Su, 'g:')
```

```
        end
    end
xlabel ('Length of constant-rate loading, log10 (t), sec')
ylabel('Ultimate strength relative to standard')
legend ('Lowered temperature T=-10C', 'Normal temperature
...T=20C', 'Elevated temperature T=50C', 3)
grid
```

7.2 剩余强度

```
%Residual strength vs. length of monotonic loading and
%temperature
clear
clf
%Kinetic parameters
ao=26.2;
wo=56.8;
%Standard length of loading, s
ts=100;
%Actual relative length of loading, s
tr=100;
tr=tr/ts;
%Standard temperature, K
Ts=273.15+20;
for j=1:3
%Temperature alteration
    T=Ts-20+10*j;
    T=T/Ts;
    for i=1:1001
    do=.001*(i-1);
    sr1=T/(ao-T)*(ao+wo*(T^-1-1)-log(tr)-log(T)-1);
    sr=sr1+log(.9999-do)/ao;
    Do(i)=do;
    Sr(i)=sr;
    end
    if T<1
    plot(Do,Sr,'b-.')
    hold on
    end
    if T==1
```

```
        plot( Do,Sr, ' r-')
        hold on
        end
        if T>1
        plot( Do,Sr,' g: ')
        hold on
        end
end
xlabel (' Preceding damage fraction, Do ')
ylabel (' Ratio of residual to ultimate strength, Rs ')
legend(' Lowered temperature T= 10C ', 'Normal temperature
...T=20C ', 'Elevated temperature T=30C ', 3)
grid
axis([ 0 1 0 1.2])
```

7.3 循环载荷

```
%Comparison of triangular & haversine cyclic &
%protracted loadings
clear
clf
%Kinetic parameters
wo=56.8;
ao=26.2;
to=le-13;
%Cycle period, sec
te=6;
r=0;
for i=1:12
    %Stress level
    sm=.1 * i;
    Sm (i)=sm;
    ps=ao * sm;
    %Protracted
    td=to * exp (wo-ps);
    ltp (i)=log10 (td);
    %Triangular
    tt=td * ps * (1-r)/(1-exp(ps * (r-1)));
    ltt(i)=log10(tt);
    %Haversine
```

```
    ts=to * exp(wo-ps * (1+r)/2)/besseli(0,ps * (1-r)/2);
    lts (i)= log10 (ts);
end
plot(ltt,Sm,'b:', Its,Sm, 'g-.',Itp,Sm, 'm-')
xlabel ('Durability under cyclic/protracted loading,
...log10 (), s')
ylabel ('Relative stress')
legend ('Triangular cycle', 'Haversine cycle',
...'Protracted loading')
grid
axis ([ 0 9 0 1.2])
```

7.4 深潜器下潜

```
%Accumulated damage fraction
clear
clf
%Kinetic parameters
ao=26.2;wo=56.8;to=le-13;
%Ultimate ocean depth, m;
S=10000;
%Target depths, m
Ht=[7000 7000 2000 3000 4000 5000 5600 6000] ;
%Loading rate/velocity, m/s
v=[50.7.7.7.7.7.7.7] ;
%Divings
nd=[2 1 5000 1000 500 200 100 58] ;
%Stay under sustained loading, s
tS=[0.1 2 2 2 2 2 2 ] *3600;
% * * * * * * Preliminary lab test * * * * * *
%The testing is presumed to correspond to a triangular
%cycle in a hyperbaric tank with room temperature
%TL=20C and rate
%of loading-unloading 50m/s for relative max pressure
%pm=0.7, e.g., target depth Ht=7000m
%Cycle period, sec and pressure range
te=2 * Ht(1)/v(1);
r=0;
ps=ao * Ht (1)/S;
%Temperature, C & K
```

```
TL=20;
TL= (273.15+TL)/293.15;
%Deterioration under test triangle cycles
Dc (1)= nd (1)/ ((to * ps * (1-r) * exp ((wo-ps)/TL)/TL
.../(l-exp(ps * (r-1)/TL)))/te)+tS(1) * nd(l)/to/
... exp ((wo-ps)/TL)
% * * * * * * Sea trail & operation * * * * * *
%Integration
dc=0;
DS=0;
m=100;
for j=1:7
    j1=j+1;
    % Target depth, m
    ht=Ht (j1);
    % Length of submerging/surfacing, s
    ts=Ht (j1)/v(j1);
    % Time step, m
    dt=ts/m;
    ds=0;
  for i=1:m+l
    %Current depth, m
    Hc=v(j1) * dt * (i-1);
    %Current pressure
    p=Hc/S;
    ps=ao * p;
    %Current temperature, C
    Tc(i)=27.5 * (Hc/1000+1)^-2.4+2.5;
    %Current relative temperature, K
    Tk=(Tc(i)+273.15)/293.15;
    %Integration for submerging & surfacing
    ds=ds+2 * dt/to/exp((wo-ps)/Tk);
    %Integration for staying on target depth
    if i==m+1
    ds=ds+tS(j1)/to/exp((wo-ps)/Tk);
    end
  % Control of temperature distribution at ocean depth
  % plot(Tc,HC)
  % hold on
  % xlabel ('Ambient temperature, C')
```

```
% ylabel ('Ocean depth, m')
% grid
% axis ij
    end
Dc (j1)= ds *  nd (j1);
end
for j=1:8
DS=DS+Dc(j);
end
Dc=Dc
DS=DS
bar(Dc)
xlabel ('Load case')
ylabel ('Partial material deterioration')
grid
axis ([ 0 9 0.6]
```

词汇表/缩略语

Adherend 通过黏合剂固定在另一材料或部件上的材料或部件

AEM/S 先进封闭式桅杆/传感器系统

ATD 先进技术演示

Comeld 黏接钉混合连接技术

Comeld-2 带金属双搭接的 Comeld 接头配置

CFRP 碳纤维复合材料

CTC 英国并行技术股份有限公司,位于宾夕法尼亚州约翰斯敦市

CTD 低温干燥

CTE 热膨胀系数

DCNS 法国海军防务公司,欧洲领先的造船商之一(现已改名为法国海军集团,译者注)

DDG 北约对导弹驱逐舰的标准称呼。其中许多舰艇还配备了反潜、防空和反水面行动装备

DNV 挪威船级社

DSV 深潜器

EB 电子束

ESS 工程复合系统

ETD 高温干燥

ETW 高温潮湿

EWI 爱迪生焊接研究所,位于俄亥俄州哥伦布市

FE 有限元

FMV 瑞典国防装备管理局

FRP 纤维增强塑料

GFRP 玻璃纤维增强塑料

HII 亨廷顿·英格尔斯工业公司

KSRC 克雷洛夫国家科学中心,位于俄罗斯圣彼得堡

KVASI 真空辅助夹芯灌注

LPD 两栖船坞运输舰,也被称为登陆平台/船坞,是一种两栖作战舰艇,用于装载、运输和执行登陆远征作战任务

MANTEC 海军制造技术项目

MCMV 反水雷舰艇

NSWCCD 美国海军水面战中心卡德洛克分部,位于马里兰州西贝塞斯达

ONR 美国海军研究署,位于弗吉尼亚州阿灵顿

PMC 聚合物基复合材料

PMI 聚甲基丙烯酰亚胺

Prepreg 预浸料(预浸树脂系统的增强型纤维材料)
PVC 聚氯乙烯
QA 质量保证
RCS 雷达散射截面
ROM 粗略的数量级
RTD 室温干燥
RTW 室温潮湿
SCRIMP 西曼复合材料树脂灌注成型工艺
Surfi-Sculpt 电子束表面造型工艺
TDP 技术展板
TRL 技术成熟度
TSI 特里顿系统公司,位于马萨诸塞州切姆斯福德
TWI 英国剑桥焊接研究所,位于英国剑桥
USNA 美国海军学院,位于马里兰州安纳波利斯
UV 紫外线
VIP 闭模真空辅助灌注材料加工
WMT&R 威斯特摩兰机械测试与研究公司,位于宾夕法尼亚州扬斯敦